Amarte a ti mismo

Samuel Blanco

Published by Samuel Blanco, 2023.

AMARTE A TI MISMO

First edition. April 12, 2023.

ISBN: 979-8224521531

Written by Samuel Blanco.

Tabla de Contenido

Capítulo 1: Amor propio: ¿Qué es y por qué es importante?

El amor propio es una de las cosas más importantes que podemos cultivar en nuestra vida. Se trata de tener una actitud positiva hacia uno mismo y valorarte como persona. Cuando nos amamos a nosotros mismos, nos sentimos seguros y protegidos y podemos enfrentar los desafíos de la vida con una actitud positiva.

En este capítulo aprenderemos qué es el autocuidado y por qué es importante. Veremos cómo el amor propio afecta nuestra vida diaria, nuestras relaciones y nuestra felicidad en general. También hablaremos sobre cómo podemos cultivar el amor en nuestras vidas.

El amor propio es la creencia de que eres valioso y digno de amor y respeto simplemente porque eres humano. No se trata de ser egoísta o de pensar que eres mejor que los demás, se trata de tener una actitud de aceptación y aprecio por ti mismo.

Quien se ama a sí mismo puede reconocer tus fortalezas y debilidades y aceptarse tal como es. No te juzgas con dureza por tus errores y fracasos, sino que te tratas con amabilidad y compasión. Esto te ayudará a tener una actitud positiva sobre ti mismo y a sentirte seguro y confiado en tus decisiones y acciones.

Además, el amor propio también puede afectar nuestras relaciones con los demás. Cuando nos amamos a nosotros mismos, podemos establecer límites saludables en nuestras relaciones y no dejar que los demás nos traten mal. También podemos amar a los demás de manera genuina y compasiva porque el amor propio nos permite ser más positivos con las personas y las situaciones que nos rodean.

Por otro lado, la falta de autoestima puede tener un impacto negativo en nuestras vidas. Cuando no nos valoramos a nosotros mismos, podemos participar en comportamientos autodestructivos como el abuso de substancias, la adicción a las drogas o la baja autoestima. También podemos tener dificultades para establecer límites saludables en nuestras relaciones, lo que puede generar conflictos y sentimientos de abuso o superioridad.

Por eso es importante el amor propio porque nos ayuda a llevar una vida plena. Nos permite vivir con fe y confianza, desarrollar relaciones saludables con los demás y enfrentar los desafíos de la vida con una actitud positiva.

Si quieres comenzar a cultivar el amor propio en tu vida, hay varias cosas que puedes hacer. Puedes comienza por aceptarte a ti mismo tal como eres, trata de ser amable contigo mismo en lugar de juzgarte o criticarte. También puedes establecer metas realistas para ti mismo y celebrar tus logros, en lugar de centrarte sólo en tus fracasos.

El amor propio es una parte fundamental de una vida feliz y satisfactoria. Si quieres vivir con confianza y seguridad en ti mismo, es importante que comiences a cultivar el amor propio en tu vida.

El amor propio es una actitud positiva y saludable hacia uno mismo, significa valorarte como persona con todas tus fortalezas y debilidades. El amor propio es conveniente para vivir una vida plena, satisfactoria y equilibrada. ¡Viva el amor propio!

Capítulo 2: ¿Cuál es tu amor propio?

El amor propio se refiere a valorarte y aceptarte como individuo sin compararte con los demás. Es una actitud de respeto, aprecio y cuidado por uno mismo. Amarte a sí mismo no significa ser egoísta o narcisista, sino comprender la propia humanidad, las propias limitaciones y debilidades, y esforzarte por ser lo mejor que uno puede llegar a ser.

Amarte a ti mismo significa que eres valioso y mereces ser amado y respetado solo por ser humano. La edad, el género, la raza, la orientación sexual, el estado civil, la ocupación y otras características externas son irrelevantes. El amor propio es independiente del reconocimiento externo o la aprobación de los demás, sino que proviene del interior de cada individuo.

Valórate y apréciate siempre bien sea lo que sea lo que te pase. Si tú no te quieres nadie te podrá querer.

Pon nota a tu amor propio. La nota que te pongas es como el mundo te tratará.

Capítulo 3: ¿Por qué es importante amarse a uno mismo?

El amor propio es conveniente para llevar una vida equilibrada, feliz y plena. Aquí hay algunas razones por las que el cuidado personal es importante:

1. Autoestima: La autoestima está estrechamente relacionada con la autovaloración. Cuando te amas a ti mismo, te sientes bien contigo mismo y es más probable que tengas una autoestima saludable. La autoestima es la percepción del propio valor y habilidades. Cuando tienes una autoestima alta, te sientes más seguro y confiado en ti mismo, y puedes enfrentar los desafíos de la vida con facilidad.

2. Relaciones saludables: El amor propio también es importante para las relaciones saludables con los demás. Cuando te amas a ti mismo, es más probable que establezcas límites saludables en tus relaciones y no permitas que otros se aprovechen de ti. También puedes amar a los demás con más sinceridad y compasión porque amarte a ti mismo te permite tener una actitud positiva hacia las personas y situaciones que te rodean.

3. Bienestar emocional: El amor propio también puede afectar tu bienestar emocional general. Cuando te amas a ti mismo, es más probable que tengas una perspectiva positiva de la vida, incluso cuando te enfrentas a problemas o desafíos. También es más probable que estés agradecido, feliz y satisfecho con tu vida.

4. Autocuidado: Cuando te amas a ti mismo, es probable que te cuides, incluido el cuidado de tu cuerpo, mente y emociones. Si no te valoras a ti mismo, tal vez no te preocupes lo suficiente por tu salud y bienestar.

Capítulo 4: ¿Cómo cultivar el amor propio?

Si quieres empezar a cultivar el amor propio en tu vida, hay varias cosas que puedes hacer:

1. Practica la autocompasión, comprensión y apoyo, especialmente en momentos difíciles o en caso de fracaso. En lugar de ser duro o crítico, aprende a ser amable contigo mismo y a perdonar tus errores.

2. Identifica tus fortalezas y debilidades: identificar tus fortalezas y debilidades te permite aceptarte tal como eres sin compararte con los demás. Darte cuenta de que nadie es perfecto y que todos tenemos fortalezas y debilidades y aprende a valorarlas y apreciarlas.

3. Establece límites saludables: establecer límites saludables en tus relaciones te permite cuidarte y protegerte de la toxicidad o el abuso emocional. Aprende a decir "no" cuando sea necesario, establece límites claros y realistas con los demás.

4. Cuida tu cuerpo: Cuidar tu cuerpo es una forma importante de demostrarte amor. Esto incluye comer una dieta saludable, hacer ejercicio regularmente, dormir lo suficiente y evitar hábitos poco saludables como fumar o beber alcohol.

5. Da las gracias: La gratitud es una forma poderosa de cultivar el amor propio. Incluso en tiempos difíciles, aprende a apreciar y valorar las cosas buenas de tu vida. Esto puede ayudarte a mantener una actitud positiva y sentirte más agradecido y feliz en general.

El amor propio es conveniente para llevar una vida plena, satisfactoria y equilibrada. Cultivar el amor propio puede tomar tiempo y esfuerzo, pero vale la pena el esfuerzo. Cuando aprendes a amarte más a ti mismo, también puedes amar a los demás y hacer del mundo un lugar mejor.

Capítulo 5:
Autoconocimiento.

El autoconocimiento comienza con la observación de ti mismo. Para amarte a ti mismo, debes conocerte a ti mismo. En este capítulo, veremos cómo puedes volverte más consciente de sí mismo y de tus necesidades, deseos y valores.

1 Tómate el tiempo para pensar: es fácil perderte en tu vida cotidiana y no tomarte el tiempo para pensar en quién eres y qué quieres de la vida. Tómate el tiempo para reflexionar sobre tus experiencias, pensamientos y sentimientos. Esta acción te ayudará a descubrir quién eres realmente y qué es importante para ti.

2. Enumera tus valores: Tus valores son los principios que te guían en la vida y te ayudan a tomar decisiones. Haz una lista de tus valores y prioridades en la vida y asegúrate de que tus acciones se alineen con ellos. Ello puede ayudarte a vivir una vida más auténtica y poderosa.

3. Descubre tus fortalezas y pasiones: Descubrir tus fortalezas y pasiones puede ayudarte a encontrar sentido y dirección en la vida. Tómate el tiempo para identificar tus fortalezas y habilidades únicas y piensa en cómo puedes usarlas para contribuir al mundo. Piensa también en lo que te apasiona y lo que te hace sentir vivo y comprometido.

4. Aprende a escuchar tus propias necesidades: es fácil ignorar tus propias necesidades y anteponer las necesidades de los demás. Sin embargo, es importante escuchar tus necesidades y cuidarte. Esto puede

incluir tomar descansos regulares, establecer límites claros con los demás y buscar apoyo cuando lo necesites.

5. Sé honesto contigo mismo: Ser honesto contigo mismo es la clave para la autoconciencia. Aprende a ser honesto acerca de tus pensamientos, sentimientos y comportamientos, incluso cuando no sea fácil enfrentarlos. Esto puede ayudarte a identificar patrones poco saludables y trabajar para cambiarlos.

Cuando desarrollas más autoconciencia, puedes comenzar a vivir una vida más auténtica y plena. Ámate más a ti mismo y encontrar más felicidad y satisfacción en la vida.

Capítulo 6:
Autoaceptación.

Aprender a aceptarte tal como eres es conveniente para el amor propio. En este capítulo aprenderemos cómo desarrollar la autoaceptación y cómo deshacernos de la crítica.

1 Practica la autocompasión: la autocompasión es el acto de tratarte a ti mismo con amabilidad, comprensión y aceptación. Practicar la autocompasión puede ayudarte a sentirte más seguro, ello reducirá el estrés y la ansiedad. Trátate como un buen amigo y recuerda que eres humano y que todos cometemos errores.

2. Aprende a dejar de criticar: La autocrítica puede dañar la autoestima. Si te críticas a ti mismo, admítelo, déjalo pasar. En lugar de enfocarte en tus debilidades, concéntrate en tus fortalezas y en lo que puedes hacer para mejorarlas.

3. Acepta tus defectos: Todos somos imperfectos, es importante aceptar tus defectos e imperfecciones. En lugar de tratar de ocultar tus defectos, acéptalos y trata de aceptarte tal como eres. Recuerda que tus defectos son los que te hacen único y especial.

4. Aprende a perdonar: Todos cometemos errores, es importante que aprendas a perdonar. Si cometes un error o tomas una mala decisión, aprende de la experiencia y sigue adelante. No te castigues por algo que ya pasó.

5. Reconoce tus éxitos: es fácil concentrarte en lo negativo y olvidar los logros. Tómate el tiempo para reconocer tus éxitos y tus logros,

por pequeños que sean. Te sentirás positivo, mejorará tu autoestima, te empoderará.

Aprender a aceptarte tal como eres es un proceso continuo y requiere práctica. Sin embargo, al desarrollar la autoconciencia, puedes vivir una vida más plena y satisfactoria.

La autoconciencia es uno de los aspectos más importantes de amarse a uno mismo. Aprender a aceptarte tal como eres es un proceso difícil, pero es conveniente para vivir una vida plena y significativa. Aprender a aceptarte tal como eres es un proceso difícil, pero es muy importante el hacerlo. Cuando te concentras en la autocompasión, abandonas la autocrítica, aceptas tus errores, te perdonas a ti mismo y reconoces tus logros, estás en el camino de la autoaceptación.

Capítulo 7: Confianza en uno mismo.

Construir confianza es conveniente para amarte a ti mismo. Si no crees en ti mismo y en tus habilidades, es difícil lograr tus metas y ser feliz en la vida. En este capítulo, exploraremos algunos pasos que puede seguir para desarrollar tu confianza.

1. Identifica tus fortalezas: Todos tenemos habilidades y talentos únicos. Identifica tus fortalezas y piensa en cómo puedes usarlas para lograr tus objetivos. Al concentrarte en tus puntos fuertes, puedes ganar más confianza en tus habilidades y capacidades.

2. Acepta desafíos: Aceptar desafíos y asumir riesgos es una forma de desarrollar la confianza en uno mismo. Por difícil que sea, puedes ganar confianza en tus habilidades desafiándote a sí mismo y enfrentando situaciones que te hacen sentir incómodo.

3. No te compares con los demás: compararte con los demás es una forma segura de destruir tu confianza. En lugar de compararte con los demás, concéntrate en tus propios logros y habilidades. Recuerda que cada uno tiene su propio camino y habilidades.

4. Aprende a aceptar la crítica constructiva: Aceptar la crítica constructiva es difícil, pero es una herramienta valiosa para el desarrollo personal. Si alguien te da una crítica constructiva, trata de escuchar y pensar en cómo puedes usar esa información para mejorar.

5. Rodéate de personas positivas: Rodéate de personas que te apoyen y te hagan sentir bien. Una actitud positiva puede afectar tu actitud y aumentar tu confianza en sí mismo.

6. Practica la autoafirmación: La autoafirmación es una forma de desarrollar la confianza en uno mismo. Al repetirte afirmaciones positivas, como "Soy capaz" o "Tengo habilidades únicas", puedes ganar más confianza en tus habilidades y destrezas.

Desarrollar la confianza en ti mismo es un proceso continuo, pero siguiendo estos pasos puedes empezar a sentirte más seguro en tus habilidades y capacidades. Si te enfocas en tus fortalezas, aceptas los desafíos, no te comparas con los demás, aprendes a aceptar la crítica constructiva, te rodeas de personas positivas y practicas la autoafirmación, estarás en el camino correcto para desarrollar la confianza en ti mismo.

Capítulo 8: La gratitud.

Cultivar la gratitud y la felicidad puede tener un impacto significativo en tu bienestar emocional y espiritual. La gratitud te ayuda a concentrarte en las cosas positivas de tu vida, mientras que la felicidad puede ayudarte a encontrar significado y propósito en tu vida.

Haz las siguientes acciones y ello incrementara enormemente tu capacidad de ser agradecido:

1. Lleva un diario de gratitud: Escribir las cosas por las que estás agradecido cada día te ayudara enormemente a concentrarte en las cosas positivas de tu vida. Incluso en los días difíciles, trata de encontrar algo por lo que estar agradecido y escríbelo en tu diario de gratitud.

2. Practica la meditación: la meditación puede ayudarte a encontrar la paz y la claridad mental. Tómate unos minutos cada día para meditar y concentrarte en la gratitud y la felicidad en tu vida.

3. Haz algo por los demás: Hacer el bien por los demás puede hacerte feliz y cultivar la gratitud y la felicidad en tu vida. Trata de hacer algo por los demás todos los días, ya sea un pequeño acto como hacer un cumplido o un gran acto como ser voluntario en tu comunidad.

4. Rodéate de personas positivas: Rodearte de personas positivas tiene un gran impacto en tu bienestar emocional y mental. Rodéate de personas que te hagan sentir bien y te aprecien, después trata de pasar tiempo con ellos regularmente.

5. Encuentra significado y propósito en tu vida: Encontrar significado y propósito en tu vida puede ayudarte a encontrar felicidad

y gratitud. Piensa en lo que le apasiona y lo que te da un propósito e intenta incorporarlo en tu vida diaria.

6. Haz ejercicio regularmente: El ejercicio ejerce sin duda un impacto significativo en tu bienestar emocional y mental. Incluso una pequeña cantidad de ejercicio puede ayudarte a sentirte más feliz y agradecido.

Cultivar la gratitud y la felicidad tiene un gran impacto en tu vida. Si llevas un diario de gratitud, medita, haces el bien a los demás, te rodeas de personas positivas, encuentras significado y propósito en tu vida y haces ejercicio con regularidad, estás bien encaminado para desarrollar la gratitud y la felicidad.

Capítulo 9: Empatía y compasión.

Desarrollar empatía y compasión por los demás ayuda significativamente a desarrollar relaciones positivas y un sentido de conexión con los demás. En este capítulo, exploraremos algunas formas de desarrollar empatía y compasión por los demás.

1 Practica la escucha activa: al escuchar activamente a los demás, puedes comprender su punto de vista y sus sentimientos. Trata de prestar atención a lo que dicen y muestra interés en su experiencia.

2. Ponte en el lugar del otro: Intenta entender la situación desde el punto de vista del otro. Imagina cómo te sentirías en su lugar y cómo te gustaría ser tratado.

3. Aprende sobre otras culturas y perspectivas: aprender sobre diferentes culturas y perspectivas puede ayudarlo a comprender mejor a los demás y desarrollar empatía. Lee sobre diferentes culturas, habla con personas de diferentes nacionalidades e intenta aprender algo nuevo todos los días.

4. Practica la bondad y la compasión: haz algo bueno por los demás todos los días, ya sea una sonrisa, un cumplido o una acción más grande como ayudar a alguien que lo necesita. Sentirte amable y compasivo desarrolla la compasión y la empatía por los demás.

5. Trata a los demás como te gustaría ser tratado: El antiguo principio dorado de "Haz a los demás como te gustaría que te trataran a ti" es una manera simple pero efectiva de desarrollar compasión y

empatía. Trata a los demás con respeto y compasión y espera que te traten de la misma manera.

6. Aprende a perdonar: Aprender a perdonar las faltas y los errores de los demás puede ayudarte a desarrollar empatía y compasión. Trata de comprender las razones de sus acciones y dales la oportunidad de salvarse.

Desarrollar empatía y compasión desarrolla relaciones positivas y conexiones más profundas con los demás. Si practicas la escucha activa, te pones en el lugar de otras personas, aprendes sobre otras culturas y perspectivas, practicas la amabilidad y la empatía, tratas a los demás como quieres que te traten y aprendes a perdonar, entonces ya vas en el camino correcto hacia el crecimiento.

Capítulo 10: Paz y tranquilidad en el día a día.

En este capítulo aprendemos a encontrar la paz y la tranquilidad en nuestra vida diaria. La vida es caótica y estresante, pero aprender a encontrar momentos de calma y paz te da bienestar y además reduce tu estrés, amen que mejora tu bienestar emocional.

1 Meditación: La meditación es una práctica que te ayuda a estar en el momento presente, reducir el estrés y la ansiedad, y encontrar una sensación de paz y tranquilidad. Puedes meditar en cualquier lugar, en cualquier momento, sólo necesitas encontrar un lugar tranquilo donde puedas sentarte cómodamente y concentrarte en tu respiración.

2. Yoga: El yoga es una práctica que combina la respiración consciente y la meditación con el movimiento del cuerpo. Es una excelente manera de aliviar el estrés y la ansiedad, mejorar la flexibilidad y la fuerza física y encontrar la paz interior.

3. Naturaleza: Estar al aire libre, en contacto con la naturaleza, puede ayudarte a encontrar paz y tranquilidad. Un paseo por el bosque, una vista del océano o simplemente sentarte en un parque es relajante y rejuvenecedor.

4. Tiempo para uno mismo: Es importante tomarte un tiempo para uno mismo todos los días. Esto es tan simple como leer un libro, tomar un baño relajante o simplemente sentarte en silencio durante unos minutos. Lo más importante es que encuentres algo que te ayude a calmarte y relajarte.

5. Respiración Consciente: La respiración consciente es una técnica sencilla pero eficaz que puedes practicar en cualquier momento del día. Se trata de concentrarte en tu respiración durante unos minutos y tomar respiraciones lentas y profundas. Esto puede ayudarte a aliviar el estrés y la ansiedad y encontrar un momento de paz y tranquilidad.

6. Sé agradecido: Ser agradecido te ayuda a encontrar la paz en tu vida diaria. Tómate unos minutos cada día para pensar en las cosas por las que está agradecido y siéntete agradecido por ellas. Encontrar una sensación de paz y felicidad en tu vida es súper importante, ya lo dijeron en la película la playa "el paraíso no está en un lugar sino en cómo te sientes haciendo lo que haces".

Encontrar la paz en la vida cotidiana no tiene por qué ser difícil. A través de la práctica de la meditación, el yoga, el tiempo en la naturaleza, el tiempo para uno mismo, la respiración consciente y la gratitud, encontrarás momentos de paz y tranquilidad que ayudaran a reducir el estrés y mejorar tu bienestar emocional.

Capítulo 11: La importancia de la comunicación.

En este capítulo hablaremos sobre la importancia de la comunicación efectiva en las relaciones. La comunicación es clave para mantener una relación saludable y significativa y es el factor decisivo en el éxito o el fracaso de una relación.

1. Escucha activa: La escucha activa es una parte conveniente de la comunicación efectiva. Se trata de escuchar atentamente y sin interrupciones y tratar de comprender el punto de vista de la otra persona. La escucha activa ayuda a crear una comunicación efectiva y a crear relaciones más profundas y significativas.

2. Comunicación no verbal: La comunicación no verbal, como los gestos, la postura y las expresiones faciales, también son importantes para una comunicación eficaz. La comunicación no verbal puede transmitir tanta o más información que las palabras que usamos, por lo que es importante prestar atención a nuestra propia comunicación no verbal y la de los demás.

3. Comunicación asertiva: La comunicación asertiva es una forma directa y clara de comunicación para expresar respetuosamente tus necesidades, sentimientos y pensamientos. La comunicación confiable es conveniente para establecer límites saludables, resolver conflictos y mantener relaciones saludables y significativas.

4. Comunicación Honesta: La honestidad es importante para una comunicación efectiva. Ser honesto con los demás acerca de tus

sentimientos y necesidades es difícil, pero es importante para construir relaciones sanas y significativas. La comunicación honesta también significa ser honesto contigo mismo y admitir tus debilidades y defectos.

5. Comunicación empática: La empatía es la capacidad de ponerte en el lugar de otra persona y comprender sus sentimientos y necesidades. La comunicación empática es importante para construir relaciones profundas y una resolución efectiva de los conflictos.

6. Respeto: El respeto es algo básico en cualquier relación sana. La comunicación respetuosa significa escuchar y tratar de comprender el punto de vista de la otra persona y expresar tu propio respeto y sentimientos.

La comunicación efectiva es la clave para construir relaciones saludables y significativas. La escucha activa, la comunicación no verbal, la comunicación asertiva, la comunicación honesta, la comunicación empática y el respeto son componentes importantes de una comunicación eficaz. Al usar estos componentes, con certeza mejorarás tus habilidades de comunicación y construirás relaciones más profundas y duraderas con los demás.

Capítulo 12: Tu propósito y pasión en la vida.

En este capítulo hablaremos sobre la importancia de encontrar tu propósito y pasión en la vida. Encontrar tu propósito es una tarea difícil, pero es básico para vivir una vida plena y significativa.

1 Define tus valores: Tus valores guían los principios básicos de tu vida. Definir tus valores es un paso importante para descubrir tu propósito. Piensa en lo que es importante para ti en la vida, lo que te apasiona y lo que te hace feliz.

2. Identifica tus fortalezas: Tus fortalezas son habilidades y talentos que sobresalen en áreas específicas. Identificar tus fortalezas puede ayudarte a determinar en qué áreas tienes más éxito.

3. Encuentra tu pasión: Tu pasión es lo que te apasiona y lo que te apasiona. Piensa en lo que te hace sentir vivo y emocionado. Encuentra formas de incorporar tu pasión en tu vida cotidiana, ya sea a través del trabajo, pasatiempos o voluntariado.

4. Establece objetivos: establece objetivos específicos y medibles para lograr tu fin. Divide tus objetivos en objetivos más pequeños y más alcanzables para mantenerte motivado y progresar.

5. Aprende de tu experiencia: Aprende de tus buenas y malas experiencias. Piensa en lo que aprendiste de tu experiencia y cómo puedes aplicar esos aprendizajes a tus metas futuras.

6. Se persistente: Encontrar tu propósito es un viaje largo y difícil. Se persistente y no te dés por vencido cuando enfrentes obstáculos en el camino.

Encontrar tu propósito y pasión en la vida es un proceso difícil, pero es básico para vivir una vida plena y significativa. Identifica tus valores y fortalezas, encuentra tu pasión, establece metas, aprende de tus experiencias y persevera. Con el tiempo, todo cobra sentido descubres tu propósito y vives una vida plena.

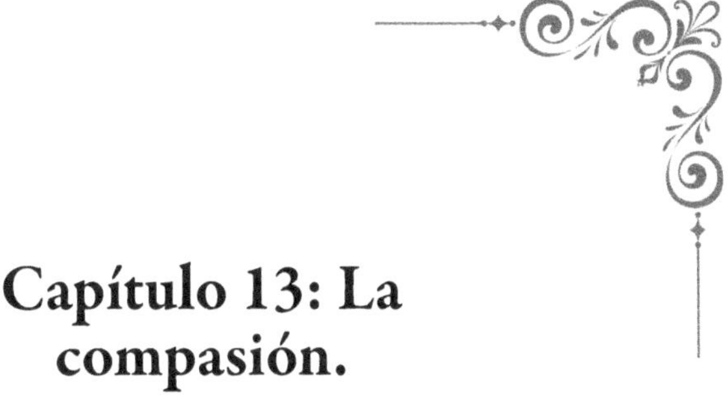

Capítulo 13: La compasión.

En este capítulo hablaremos sobre la importancia de la compasión. La empatía es la capacidad de sentir empatía y comprensión por el sufrimiento de los demás y el propio. Al desarrollar la empatía, podemos mejorar nuestras relaciones con los demás y aumentar nuestro bienestar emocional.

1. Practicar la autocompasión: A menudo somos duros con nosotros mismos y autocríticos. La práctica de la compasión consiste en tratar a un amigo cercano que sufre con compasión y empatía. Esto puede incluir hablar contigo mismo amablemente, tomarte un tiempo para ti mismo y mostrar compasión durante los momentos difíciles.

2. Empatizar con los demás: Empatía también significa ser consciente del sufrimiento de los demás y tener una actitud de compasión y comprensión. Esto puede incluir apoyo emocional y escuchar con atención y comprensión. La empatía por los demás puede mejorar nuestras relaciones y ayudarnos a sentirnos más conectados con los demás.

3. Experimentar la compasión en acción: La compasión no es solo un sentimiento, también es una acción. Puedes practicar la bondad a través de pequeñas acciones diarias, como: B.: Donar a una organización benéfica, ofrecer ayuda a alguien que lo necesite, o simplemente sonreír y ser amable con los demás.

4. Ten compasión por ti mismo y por los demás: La compasión no es una competencia entre tú y los demás. Es importante tener

compasión por uno mismo y por los demás y reconocer que todos tenemos luchas y momentos de sufrimiento. La empatía nos ayuda a sentirnos más conectados con los demás y a tener relaciones amorosas y auténticas.

5. Empatía en tiempos de conflicto: Es fácil reaccionar con ira o frustración durante tiempos de conflicto. En cambio, trate de empatizar con la otra persona. Trate de comprender tu punto de vista y tus sentimientos y expréselo con respeto y compasión.

6. Practicar juntos la gratitud y la compasión: La gratitud y la compasión son emociones relacionadas y se pueden practicar juntas. Estar agradecidos por lo que tenemos en nuestras vidas y tener compasión por los demás puede ayudarnos a sentirnos más conectados y apreciar las bendiciones en nuestras vidas.

Al desarrollar la empatía, podemos mejorar nuestras relaciones y aumentar nuestro bienestar emocional. Practica la autocompasión, la compasión por los demás, la compasión en acción, la compasión por uno mismo y por los demás, la compasión en tiempos de conflicto y la compasión y la gratitud juntas.

Capítulo 14: La paciencia.

En capítulo hablaremos sobre la importancia de la paciencia en nuestras vidas. La paciencia es la capacidad de soportar las dificultades o dificultades sin enfadarte ni resentirte. Al cultivar la paciencia, podemos mejorar nuestra capacidad para lidiar con el estrés y la incertidumbre, ayudándonos a vivir una vida más plena y plena.

1. Respiración consciente: La respiración consciente es una práctica sencilla y eficaz para desarrollar la paciencia. Tómate unos minutos cada día para sentarte en silencio y concentrarte en tu respiración. De esta manera, entrenas tu mente para estar presente y consciente de tus pensamientos y sentimientos.

2. Acepta lo que no puedes controlar: A menudo nos frustramos con cosas que están fuera de nuestro control. Practicar la paciencia significa aceptar que algunas cosas están fuera de nuestro control, que debemos dejar de lado la necesidad de controlarlo todo. En lugar de centrarnos en lo que no podemos controlar, debemos centrarnos en lo que podemos hacer para mejorar nuestra situación.

3. Crea un espacio para la reflexión: la paciencia también incluye tomarte el tiempo para evaluar tus acciones y decisiones. Tómate un tiempo cada día para pensar en tu vida, metas, y en lo que puedes hacer para alcanzarlas. Al crear este espacio para la meditación, aprenderás paciencia y claridad mental.

4. Sé amable contigo mismo y con los demás, La paciencia también está relacionada con la misericordia y la bondad. Trata de ser amable

y compasivo contigo mismo y con los demás, incluso en momentos de estrés y frustración. Cultiva la paciencia y la compasión.

5. Practica la gratitud: La gratitud es un poderoso ejercicio para cultivar la paciencia. Tómate un tiempo cada día para pensar en las cosas por las que estás agradecido y tal vez esperes pacientemente. Así desarrollarás una actitud positiva ante la vida y aprenderás a apreciar las pequeñas cosas que nos hacen felices.

6. Cultiva una actitud positiva: En última instancia, la paciencia consiste en cultivar una actitud positiva y optimista ante la vida. En lugar de concentrarte en lo que salió mal, trata de concentrarte en lo que puedes hacer para mejorar tu situación. De esta forma, desarrollarás una mentalidad positiva y constructiva que te ayudará a superar problemas y desafíos.

Al cultivar la paciencia, podemos mejorar nuestra capacidad para lidiar con el estrés y la incertidumbre en nuestras vidas. Practica la respiración consciente, acepta lo que no puedes controlar, crea un espacio para la reflexión, sé amable contigo mismo y con los demás, sé agradecido y cultiva una actitud positiva.

Capítulo 15: Ejemplos de filantropía en la historia.

A lo largo de la historia ha habido muchas personas que han dedicado sus vidas a amar y ayudar a los demás. Estas personas inspiraron a otros con tu ejemplo y dejaron huellas duraderas de amor y compasión en el mundo. Estos son algunos de los ejemplos más notables de caridad en la historia:

Madre Teresa de Calcuta: Fue una monja católica albanesa que dedicó tu vida a ayudar a los pobres y enfermos de la India. Fundó las Misioneras de la Caridad y estableció muchos centros de salud y hogares para los pobres. En 1979 recibió el Premio Nobel de la Paz por su labor humanitaria.

Mahatma Gandhi: Líder político y espiritual indio que luchó por la independencia de su país y por los derechos de los pobres y marginados. Fue un independentista indio y defensor de la no violencia. Gandhi luchó por la justicia social y los derechos humanos. Su filosofía de resistencia pacífica inspiró a muchos en todo el mundo. Usó la resistencia pacífica y la desobediencia civil como herramienta para el cambio social. Su legado de amor y no violencia sigue inspirando a personas de todo el mundo.

Nelson Mandela: Líder sudafricano que luchó contra el apartheid y la discriminación racial en su país. Pasó 27 años en prisión por tus ideas políticas, pero nunca renunció a su visión de un mundo más justo y equitativo. Fue el primer presidente negro de Sudáfrica y un campeón de la reconciliación y la unidad.

Martin Luther King jr. - Líder estadounidense de derechos civiles que luchó por la igualdad racial y la justicia social. Luchó contra la discriminación y la segregación en su país con la resistencia pacífica y la desobediencia civil. Fue asesinado en 1968, pero su legado de amor y justicia sigue inspirando a personas de todo el mundo.

Jesús: Figura religiosa que enseñó el amor y la compasión como valores básicos de la vida. Abogó por la igualdad y la justicia para todos y dedicó su vida a ayudar a los pobres y los enfermos. Su ejemplo sigue siendo una fuente de inspiración y guía para los cristianos de todo el mundo. Su mensaje de amor y compasión por todas las personas ha inspirado a millones de personas en todo el mundo durante más de dos mil años. Su sacrificio en la cruz y resurrección fue considerado la prueba máxima de amor y redención.

Estas personas son solo algunos ejemplos de quienes han dejado un impacto positivo en el mundo gracias a tus amor eterno por los demás. Sus acciones tienen un impacto profundo y duradero, recordándonos que el amor al prójimo es una fuerza poderosa que puede cambiar el mundo.

Estos son algunos ejemplos de personas a lo largo de la historia que amaron y ayudaron a tus vecinos. Todos dejaron un legado duradero de amor y compasión que sigue inspirando a la gente hasta el día de hoy. Siguiendo su ejemplo, podemos hacer del mundo un lugar mejor y más amoroso para todos.

Capítulo 16: Bienestar interior.

A menudo esperamos que algo externo nos haga bien, ya sea un logro, un cumplido, una compra o un evento especial. Pero en realidad, la verdadera felicidad viene de dentro de nosotros mismos, no de cosas materiales o logros externos.

En este capítulo analizamos cómo desarrollar una sensación de bienestar interior sin depender de factores externos. Veremos que solo estar vivo y poder experimentar el mundo es suficiente para sentirte bien. También exploramos prácticas como la meditación, la gratitud y la conexión con la naturaleza que pueden ayudarnos a encontrar la felicidad y el bienestar en momentos en que nos sentimos abrumados o deprimidos.

Aprender a sentirte bien contigo mismo sin ningún motivo es una forma poderosa de mejorar tu calidad de vida y encontrar una felicidad duradera. En este capítulo, aprenderás cómo comenzar a desarrollar esa actitud positiva sobre ti mismo y la vida en general.

La mayoría de las personas asocian la felicidad y el bienestar con logros o eventos externos, como el éxito en el trabajo, el amor romántico, el reconocimiento social o la adquisición de bienes materiales. Sin embargo, estas fuentes de felicidad son temporales y pueden desvanecerse rápidamente.

Tenemos que aprender a desarrollar una sensación de bienestar interior sin depender de factores externos. Aprender a estar cómodo sin motivo alguno. Este enfoque no sólo te permitirá disfrutar de tu vida cotidiana, sino que también te ayudará a desarrollar la resiliencia y la fortaleza emocional para superar los momentos difíciles.

Una de las formas de cultivar una sensación de bienestar interior es la meditación. La meditación puede ayudarte a estar más presente en el momento y observar tus pensamientos y sentimientos sin juzgar. También puede ayudarte a ser más consciente de tu cuerpo y a conectarte con tu respiración, lo que reduce el estrés y mejora tu estado de ánimo.

Otra forma de sentirte bien es practicar la gratitud. No te enfoques en lo que no tienes, enfócate en lo que tienes. Tómate un tiempo cada día para pensar en las cosas por las que está agradecido, ya sean grandes o pequeñas. Ser agradecido por lo bueno y malo que te sucede te ayuda a sentirte más positivo y apreciar las cosas simples de la vida.

Finalmente, conectarte con la naturaleza también te hace sentirte bien. Pasar tiempo al aire libre, disfrutando del sol, el viento y el paisaje es muy relajante y refrescante. Además, estar en contacto con la naturaleza te recuerda que eres parte de algo más grande, y que tus problemas y preocupaciones son relativos.

En resumen, cuando te enfocas en tu bienestar interior y desarrollas hábitos saludables como la meditación, la gratitud y la conexión con la naturaleza, te sientes bien sin motivo alguno. Aprender a gozar el bienestar interior al máximo te ayudará a construir una felicidad duradera y una la fortaleza emocional para enfrentar todo lo que se te presente.

Capítulo 17: La amistad.

Cultivar la amistad con buenas personas es algo de lo que sentirte orgulloso que nos eleva y que considero de lo más importante en la vida. Los amigos son personas que nos acompañan en las buenas y en las malas, nos apoyan y nos hacen crecer como personas. Sin embargo, a algunas personas les puede resultar difícil hacer amigos, especialmente si son tímidos o introvertidos. Por eso te daré algunos consejos sobre cómo hacer amigos y mantener relaciones sanas y duraderas.

1 Sal de tu zona de confort: Para conocer gente nueva, debes salir de tu zona de confort y explorar nuevos lugares y actividades. Participar en eventos sociales, clubes o grupos de interés, clases o cursos. Incluso puedes buscar opciones en línea, ya que hay muchas comunidades virtuales que te permiten conectarte con personas de ideas afines.

2. Sé tú mismo: No trates de fingir ser alguien que no eres tú,. La verdadera amistad se basa en la honestidad y la sinceridad. Cuando eres auténtico, atraerás a personas que te aprecian por lo que eres.

3. Mostrar interés en los demás: La clave para construir relaciones duraderas es mostrar interés en los demás. Escucha atentamente lo que tienen que decir, haz preguntas y demuestra que te importan sus pensamientos y sentimientos.

4. Ser amable y comprensivo: La amabilidad y la empatía son cualidades elevadas en la amistad. Trata a los demás con respeto y dignidad, muestra empatía cuando alguien necesite apoyo o consuelo.

5. Comunicar: La comunicación es importante para mantener amistades. No se trata de presionarlos, con un contacto constante vía

SMS, llamadas o reuniones presenciales. Eso agobia ala gete y las aparta. Tampoco exijas atención en exceso.

Recuerda que la amistad es una relación que requiere tiempo y dedicación, pero que es muy gratificante y enriquecedora. Al hacer nuevos amigos, amplías tu círculo social y abres nuevas oportunidades para el desarrollo personal.

Capítulo 18: Hacer más amigos.

Hacer amigos puede parecer una tarea abrumadora, especialmente si eres tímido o introvertido. Sin embargo, tener amigos es importante para nuestra salud mental y emocional y también puede mejorar nuestra calidad de vida. Aquí te voy a dar hay algunas estrategias que puedes usar para hacer amigos y formar relaciones significativas de un modo más activo que antes:

1. Encuentra personas con aficiones similares: si tienes un pasatiempo o interés en particular, busque grupos o actividades donde pueda interactuar con otras personas que comparten estas aficiones, conocer. Únete a un club de lectura, un grupo de senderismo o una clase de yoga. Las redes sociales también pueden ser útiles para encontrar grupos de personas con aficiones similares.

2. Sal de tu zona de confort más aún: A veces da miedo conocer gente nueva, pero es importante salir de tu zona de confort para hacer amigos. Acepte las invitaciones de los demás, incluso si te sientes incómodo al principio. Asiste a eventos sociales, como fiestas o cenas, y conoce a amigos que creas que comparten los mismos gustos.

3. Sé amable y bondadoso más aún: Ser amable y amoroso es básico para construir relaciones significativas. Escuche a los demás, haga preguntas y preste atención a lo que tienen que decir. Sé agradecido cuando puedas ayudar y cuando te ayuden. Apreciar y valorar a las personas.

4. Sé tú mismo totalmente: Si bien puede parecer tentador cambiar tu personalidad para encajar con un grupo de personas, es importante ser auténtico y honesto consigo mismo. Las verdaderas amistades se basan en la honestidad y la confianza, y es importante sentirte cómodo con tus amigos.

5. Mantente en contacto: una vez que has hecho amigos, es importante mantenerte en contacto con ellos. Escribe, llama o programa reuniones periódicas. No te desanimes si no se comunican contigo de inmediato o si no puedes programar una cita en un momento determinado. Mantente en contacto y hazles saber que te importan.

6. Sé paciente: Hacer amigos toma tiempo y no siempre sucede de la noche a la mañana. Ten paciencia y no te desanimes si no haces amigos de inmediato. Continúe participando en actividades que disfrute y conozca gente nueva. La verdadera amistad requiere tiempo y esfuerzo.

7. Sé un buen amigo: Ser un buen amigo es básico para mantener una amistad significativa. Escucha, apoya y haz cosas especiales para tus amigos. Muestra que le importa y que está dispuesto a verlos en las buenas y en las malas. Recuerda que la amistad es una calle de doble sentido y es importante esforzarte tanto como lo hacen tus amigos.

Hacer amigos es un proceso difícil, pero es posible con tiempo, paciencia y esfuerzo. No tengas miedo de salir de tu zona de confort y conocer gente nueva, y recuerda que la amistad es un regalo invaluable que puede mejorar mucho tu vida.

Capítulo 19: El arte del perdón.

El perdón es una de las herramientas más poderosas que tenemos para liberarnos del bagaje emocional que nos impide avanzar. Aprender a perdonar a los demás ya nosotros mismos es difícil, pero es básico para nuestra felicidad y bienestar. Perdonar no es olvidar lo sucedido ni minimizar nuestro dolor, es un acto de soltar y aceptar.

Cuando guardamos rencores contra alguien, tenemos una carga emocional que nos impide avanzar. Aprender a perdonar nos libera de esta carga y nos permite avanzar en nuestra vida. El perdón es una especie de amor y compasión hacia los demás y hacia uno mismo

El proceso del perdón no es fácil, pero es posible. Primero, es importante reconocer las emociones negativas que estamos experimentando y aceptarlas sin juzgarlas. Sólo entonces podemos tratar de entender el punto de vista de la otra persona y considerar su situación. El perdonar nos hace divinos, nos ayuda a entender que todos somos humanos y todos cometemos errores.

El siguiente paso es expresar nuestra decisión de perdonar a la otra persona, ya sea verbalmente o por escrito. De esta manera, damos pasos conscientes para eliminar el equipaje emocional. Finalmente, es importante recordar que el proceso del perdón no es un evento de una sola vez, sino un proceso continuo que puede llevar su tiempo.

En conclusión, el perdón es una poderosa herramienta que nos permite liberarnos de las cargas emocionales que nos impiden avanzar en nuestra vida. Aprender a perdonar a los demás ya nosotros mismos no es fácil, pero es importante para nuestra felicidad y bienestar. El perdón nos permite dejar atrás el pasado y avanzar hacia el futuro con amor y compasión.

no es fácil, pero es importante para nuestra felicidad y bienestar. El perdón nos permite dejar atrás el pasado y avanzar hacia el futuro con amor y compasión.

Capítulo 20: Perdón a uno mismo.

El perdón a uno mismo es un acto de amor propio y una poderosa herramienta para mejorar el bienestar emocional. Es normal cometer errores, fallar y arrepentirse, pero cuando no podemos perdonarnos a nosotros mismos, nos quedamos en el pasado y nos sentimos mal con nosotros mismos.

El primer paso para el perdón es aceptar que cometiste un error y que no puedes cambiar el pasado. Por lo tanto, debes decidir aprender de tu error y hacer las paces contigo mismo. Esto no significa ignorar lo sucedido o justificar tu comportamiento, sino reconocer que eres humano y que todos cometemos errores.

El perdón a uno mismo no sólo te ayuda a dejar de lado los sentimientos de culpa y vergüenza, sino que también te permite enfrentar un futuro positivo. Te ayuda a desarrollar la estabilidad emocional ya que te permite superar los momentos difíciles y avanzar con serenidad.

Cuando te perdonas a ti mismo, también te permites crecer y convertirte en una mejor persona. Aprender de tus errores te hace más inteligente y puedes usar esa sabiduría en el futuro para tomar mejores decisiones y vivir una vida más significativa.

El perdón a uno mismo es un acto de amor propio que te ayuda a dejar de lado las emociones negativas, avanzar hacia un futuro positivo y convertirte en una mejor persona. Una vez que aterrices, permítete perdonarte y seguir adelante con la frente en alto.

El perdón es una de las herramientas más poderosas que tenemos para liberarnos de la culpa, la tristeza y la negatividad. Pero a menudo olvidamos que el perdón no es solo perdonar a los demás, sino también perdonarnos a nosotros mismos.

A menudo nos sentimos culpables y nos arrepentimos de lo que hemos hecho en el pasado. Y aunque pedimos perdón a los demás y fuimos perdonados, estamos cargados de culpa y autocrítica.

El perdón a uno mismo nos permite perder este peso y avanzar hacia una vida más plena y feliz. Al perdonarte a ti mismo, te dices a ti mismo que eres digno de amor y aceptación incondicionales, incluso con tus errores y fracasos.

¿Pero cómo puedes perdonarte a ti mismo? En primer lugar, es importante reconocer y aceptar lo sucedido. Acepta la situación y los errores cometidos sin juzgarte ni culparte. Luego puede reflexionar sobre lo que ha aprendido de esta experiencia y cómo puede utilizar este conocimiento para crecer y progresar en el futuro.

Finalmente, el perdón a uno mismo no sucede de la noche a la mañana. Este es un proceso que puede tomar tiempo, pero es una inversión en tus bienestar emocional y espiritual. Al perdonarte a ti mismo, desarrollas una relación amorosa y respetuosa contigo mismo, lo que a su vez te permite experimentar alegría y satisfacción en la vida.

Recuerda que todos cometemos errores y el perdón es una parte importante del crecimiento personal y la sanación emocional. Date la oportunidad de perdonarte a ti mismo y encontrarás que tu vida está llena de amor y compasión.

Capítulo 21: ¿Cómo ser feliz?

La felicidad es algo que todos buscamos, pero ¿cómo podemos alcanzarla? En este capítulo, exploraremos algunos de los principios básicos que le traerán felicidad.

1. Encuentra tu propósito: El primer paso hacia la felicidad es tener un propósito en la vida. Esto es cualquier cosa, desde ayudar a otros hasta tus pasiones. Es importante que te sientas cómodo con algo que es importante para ti.

2. Aprende a apreciar las pequeñas cosas: A veces la felicidad está en las cosas más sencillas. Aprender a disfrutar de las pequeñas cosas de la vida, como el sol en el cielo o una taza de café por la mañana, es una forma poderosa de encontrar la felicidad.

3. Cultiva relaciones saludables: Las relaciones saludables son clave para la felicidad. Asegúrate de rodearte de personas que te apoyen y te hagan sentir bien. También es importante mantener relaciones significativas con amigos y familiares.

4. Encuentra tu equilibrio: encontrar el equilibrio adecuado entre el trabajo y la vida personal es muy importante para tu felicidad. Dedica tiempo a las cosas que son importantes para ti, como pasar tiempo con amigos y familiares, hacer ejercicio o simplemente relajarte.

5. Sé agradecido: Ser agradecido es una forma poderosa de encontrar la felicidad. Aprender a apreciar lo que tienes en lugar de concentrarte en lo que no tienes marca una gran diferencia en tu nivel de felicidad.

6. Sé optimista: El optimismo es una actitud positiva que te ayuda a superar los momentos difíciles y a encontrar la felicidad. Intenta centrarte en los aspectos positivos y en cómo aprender de las situaciones negativas por feas que sean.

7. Autocuidado: El autocuidado es fundamental para la felicidad. Asegúrate de comer bien, hacer ejercicio y hacer tiempo para las cosas que disfrutas.

Recuerda que la felicidad es un proceso, no una meta. Toma estos principios y trabaja en ellos todos los días para encontrar la felicidad en tu vida.

Capítulo 22: La meditación y sus beneficios.

La meditación es una práctica milenaria que puede tener efectos muy positivos en nuestra mente, cuerpo y espíritu.

A través de la meditación podemos lograr una mayor paz, una sensación de paz interior y una conexión más profunda con nosotros mismos y el mundo que nos rodea.

La meditación consiste en sentarse en silencio, preferiblemente en un lugar tranquilo sin distracciones, y centrar la atención en un objeto o pensamiento específico. Puede ser tu respiración, una palabra o frase (mantra), o simplemente observar los pensamientos que pasan por tu mente sin juzgarlos ni apegarte a ellos.

Para meditar, primero busca un lugar tranquilo y sin distracciones. Siéntate en una posición cómoda que te permita mantener la columna recta y relajada. Puedes cerrar los ojos o mirar suavemente hacia abajo. Luego concéntrate en tu respiración y siente el aire que entra y sale de tu nariz.

Si encuentras que tu mente se distrae fácilmente con pensamientos o sentimientos, no te preocupes, esto es normal. Simplemente reconozca estos pensamientos sin juzgar y vuelva tu atención a tu respiración o al objeto de tus meditación. Con la práctica, puedes aprender a entrenar tu mente para que se concentre más fácilmente y durante más tiempo.

Los beneficios de la meditación son muchos. Algunos estudios han demostrado que la meditación regular puede reducir el estrés, la ansiedad y la depresión, fortalecer el sistema inmunológico, disminuir la presión arterial y reducir el riesgo de enfermedades cardiovasculares. También puede mejorar la concentración, la creatividad y la calidad del sueño.

Adicionalmente, a lo largo de la historia ha habido grandes pensadores que han alcanzado estados de conciencia y profunda conexión con el universo. Un ejemplo es Buda, quien logró la iluminación a través de la meditación y enseñó a otros a hacer lo mismo. Otro ejemplo es el monje zen Thich Nhat Hanh, quien ha dedicado su vida a enseñar meditación y atención plena en todo el mundo.

La meditación es una práctica poderosa que puede tener muchos beneficios para nuestra salud física, mental y espiritual. Aprender a meditar es un camino hacia la paz interior y la felicidad duradera que debe ser recorrido a menudo.

Capítulo 23: Evita la soledad y rodéate de buenas compañías.

La soledad puede llegar a ser una experiencia dolorosa y desgastante emocionalmente, y aunque a veces es inevitable, es importante hacer un esfuerzo consciente para rodearte de buenas compañías y evitar caer en el aislamiento.

Para evitar la soledad, es necesario buscar activamente oportunidades para socializar y establecer conexiones significativas con otros. Esto puede incluir actividades como unirte a clubes o grupos de interés, participar en eventos comunitarios, tomar clases o cursos, y buscar oportunidades de voluntariado.

Es importante elegir bien las personas con las que se rodea uno mismo, y buscar aquellas que tengan un impacto positivo en tu vida. Esto puede significar rodearte de personas que comparten gustos y valores similares, que son solidarias y empáticas, personas que apoyan y animan en tu esfuerzo.

Además, es importante ser consciente de las propias actitudes y comportamientos, y trabajar para ser una persona agradable y positiva para los demás. Esto puede incluir cosas como escuchar activamente, mostrar interés genuino en los demás, ser amable y respetuoso, y ofrecer apoyo emocional y práctico cuando sea necesario.

Aunque es importante tener una red social fuerte, también es importante recordar que la verdadera felicidad proviene de dentro.

Trabajar en la autoconciencia y la autoestima puede ayudarlo a evitar la soledad y crear relaciones más sanas y significativas.

La soledad es una experiencia que muchos de nosotros enfrentamos en algún momento de nuestras vidas, ya sea voluntariamente o por circunstancias externas. Si bien es cierto que la soledad es beneficiosa en pequeñas dosis, pero la exposición a largo plazo mas bien tiene un impacto negativo en nuestra salud mental y física. Aquí hay 20 actividades que puedes hacer para evitar la soledad y rodearte de buena gente:

1. Únete a un grupo de interés común: Hay grupos para todo tipo de intereses, desde clubes de lectura hasta grupos de viaje. Encuentra uno que te guste y visítalo regularmente.

2: Cuando aprendes algo nuevo, no solo tienes un nuevo pasatiempo, también conoces personas con gustos similares.

3. Voluntariado: Cuando ayudas a los demás, no solo te sientes mejor, sino que también conoces a personas compasivas y amables.

4. Únete a un equipo deportivo: Si te gustan los deportes, puedes unirte a un equipo para hacer ejercicio, divertirte y conocer gente nueva.

5. Únete a un club social: ya sea un club de jardinería o un club de ajedrez, estos grupos le permiten conocer gente con gustos similares.

6. Asiste a eventos comunitarios: hay muchos eventos en tus comunidad, como festivales, ferias y conciertos. Asiste a estos eventos e interactúa con las personas que conoces allí.

7. Únete a grupos de redes sociales: muchos grupos de Facebook y LinkedIn se enfocan en cuestiones específicas y son una excelente manera de conocer gente en línea y en persona.

8 Asiste a las reuniones de ex alumnos: si asististe a la universidad o la escuela secundaria, asiste a las reuniones de ex alumnos para ver a viejos amigos y conocer gente nueva.

9. Ejercicios en grupo: tomar una clase de gimnasia o hacer ejercicio con un grupo de amigos es divertido y una excelente manera de conocer gente nueva.

10. Asiste a ferias comerciales y exposiciones: Las ferias comerciales y exposiciones son una excelente manera de conocer gente nueva que comparte tus intereses.

11. Aprovecha los eventos en línea: los eventos en línea son una excelente manera de conocer gente nueva en tu industria.

12. Únete a un grupo religioso o espiritual: Si perteneces a una religión o tienes intereses espirituales, unirte a un grupo religioso o espiritual te brinda la oportunidad de conocer personas de creencias similares.

13. Asiste a eventos artísticos y culturales: asistir a eventos artísticos y culturales le permite conocer personas que comparten tus gustos en estas áreas.

14. Voluntariado: El voluntariado sin duda se trata una experiencia muy gratificante y una gran manera de conocer gente nueva.

15. Carreras benéficas: una carrera benéfica es una excelente manera de hacer ejercicio mientras apoya una buena causa y conoce gente nueva.

16. Hazte amigo de tus vecinos: si recientemente se mudó a un nuevo vecindario, camina o haz ejercicio en un parque cercano para conocer a tus vecinos.

18. Únete a grupos turísticos: si le encanta viajar, unirse a grupos turísticos sin duda se trata de una excelente manera de conocer gente nueva y explorar nuevos lugares.

19 Asiste a conferencias y seminarios: Asistir a conferencias y seminarios le brinda la oportunidad de conocer gente en tu campo y aprender algo nuevo.

20. Participa en actividades al aire libre: ir de excursión, acampar o simplemente disfrutar del aire libre sin duda se trata de una excelente manera de conocer gente nueva.

21. Ofrécete como voluntario en un refugio de animales: si amas a los animales, ser voluntario en un refugio de animales no solo le dará la oportunidad de interactuar con ellos, sino también de conocer a personas que comparten tu amor por los animales.

En definitiva, hay muchas formas de evitar la soledad y rodearte de buena gente. Encuentra actividades que disfrute y que le permitan conocer gente nueva, y no te desanimes si tienes problemas para hacer amigos al principio. Lo más importante es seguir intentándolo y disfrutar la experiencia de conocer gente nueva.

Capítulo 24: Eleva tu autoestima.

La autoestima es cómo te calificas a tí mismo. La baja autoestima puede afectara todos los aspectos de tu vida, desde tu carrera hasta tus relaciones personales. Afortunadamente, hay muchas formas de aumentar la confianza en ti mismo. Estos son algunos consejos:

1. Aprende a aceptarte a ti mismo: Nadie es perfecto, todos cometemos errores y tenemos defectos. Aprende a aceptar tus debilidades y enfócate en tus fortalezas.

2. Rodéate de personas positivas: en lugar de juzgarte y desanimarte, rodéate de personas que te apoyen y te animen.

3. Establece metas realistas: Establecer metas realistas y trabaja para alcanzarlas. Lograr estos objetivos te hará sentir más seguro.

4. Practica la gratitud: concéntrate en las cosas positivas de tu vida y sé agradecido por ellas. La gratitud te ayuda a sentirte positivo y confiado.

5. Ejercicio: El ejercicio no solo es bueno para tus salud física, sino que también puede aumentar tus autoestima. El ejercicio libera endorfinas que te hacen sentir bien.

6. Pide ayuda cuando la necesites: si tienes dificultades para aumentar tu confianza, busca la ayuda de un profesional. Un terapeuta puede ayudarte a identificar las raíces de tu baja autoestima y enseñarte herramientas para mejorarla.

7. Aprende nuevas habilidades: Aprender nuevas habilidades sin duda se trata de una excelente manera de aumentar tu autoestima. El

hecho de que estés aprendiendo algo nuevo te ayudará a sentirte más competente y capaz.

8. Haz algo que te apasione: haz algo que te apasione, ya sea escribir, pintar o tocar un instrumento. Cuando haces lo que amas, te sientes más realizado y confiado.

9 No te compares con los demás: cada uno es único y tiene tu propio camino en la vida. Evita compararte con los demás y concéntrate en tu propio camino.

10. Aprende a decir no: aprende a decir no cuando sea necesario y establece límites saludables. Esto te ayudará a sentirte seguro y respetar tus necesidades.

Recuerda que desarrollar tu confianza es un proceso continuo y requiere esfuerzo y paciencia. Con práctica y tiempo, puedes aumentar tu autoestima y mejorar todos los aspectos de tu vida.

Capítulo 25:
Visualización creativa, evaluación psíquica y PNL para enriquecer tu vida.

La visualización creativa, la evaluación psíquica y la programación neurolingüística (PNL) son herramientas poderosas para aumentar nuestra confianza y transformar nuestras vidas. Aquí hay una guía para usar estas herramientas de manera efectiva:

1. Visualización creativa: Una de las técnicas de PNL más populares es la visualización creativa, que se utiliza para crear imágenes mentales positivas para lograr objetivos específicos. La visualización creativa consiste en imaginar el resultado deseado en detalle, incluido cómo te sentirás, te verás y te sonará todo. La idea es que al visualizar el resultado deseado de esta manera, se puede programar la mente subconsciente para lograr ese resultado.

La visualización creativa implica imaginar escenas y situaciones en tu mente para crear la realidad deseada. Para usar esta herramienta, haga lo siguiente:

• Elije una meta que desees lograr, por ejemplo: B. Encontrar un trabajo satisfactorio o mejorar tus relaciones con las personas.

• Una imagen clara y detallada de cómo lograr este objetivo. Imagina cómo te sentirás, cómo te vestirás y cómo será el entorno.

• Visualiza esta escena durante unos minutos todos los días y trata de sentir tantas emociones como sea posible.

2. Lluvia de ideas: La lluvia de ideas es una herramienta similar a la visualización creativa, pero se enfoca en imaginar situaciones específicas y resolver problemas. Para utilizar esta herramienta, haz lo siguiente:

• Cierra los ojos e imagina una pantalla mental en blanco.

• En esta pantalla mental, proyecta la situación que quieres resolver o el problema que quieres resolver.

• A medida que avanza la situación, imagina diferentes soluciones y elige la que mejor te funcione.

3. Programación Neurolingüística (PNL): La PNL es una herramienta que implica el uso del lenguaje para cambiar la forma en que pensamos y nos comportamos. La PNL es una poderosa herramienta para mejorar la autoestima y la autoestima. Mediante el uso de técnicas de PNL como la visualización creativa, el reconocimiento de pensamientos, los cambios de creencias limitantes, el anclaje, los cambios de estado y la renovación, puedes mejorar tu perspectiva y tu confianza. La práctica regular de estas técnicas de PNL puede tener un impacto significativo en tu bienestar emocional y en tu capacidad para vivir una vida plena y satisfactoria. Para usar esta herramienta, haga lo siguiente:

• Identifica los patrones de pensamiento negativos que lo limitan, p. B. "No soy lo suficientemente bueno".

- Reemplaza este pensamiento negativo con pensamientos positivos y afirmaciones. Por ejemplo: "Soy capaz y digno de lograr mis metas".

- Usa un lenguaje corporal positivo, como una postura erguida y una sonrisa, para respaldar tus afirmaciones y pensamientos positivos.

La Programación Neurolingüística (PNL) es una poderosa herramienta para el desarrollo de la personalidad y la autoconciencia. La PNL se enfoca en la relación entre el cerebro (neuro), el lenguaje (lingüística) y el comportamiento (programación) y cómo estos tres elementos interactúan para influir en nuestra experiencia de vida.

Otra técnica de PNL es la pantalla mental, que es similar a la visualización creativa pero implica la creación de una imagen mental en una pantalla imaginaria en la mente. Se pueden usar diferentes técnicas de PNL para mejorar la efectividad de la pantalla mental, como cambiar la posición de la imagen mental, hacer que la imagen sea más clara y nítida, y cambiar la velocidad y el tono de la imagen.

Además de la visualización creativa y la pantalla mental, existen otras técnicas de PNL que se pueden usar para mejorar la autoestima y la autoestima. Aquí hay algunas técnicas populares de PNL que se pueden usar para este propósito:

1. Cambiar las creencias limitantes: Las creencias limitantes a menudo pueden tener un efecto negativo en nuestra autoestima. La PNL puede ayudar a identificar y cambiar estas creencias limitantes y mejorar nuestra perspectiva y confianza.

2. Anclaje: El anclaje es una técnica utilizada para asociar un estado emocional positivo con un estímulo específico. Por ejemplo, puede asociar la calma y la confianza con un golpecito en el hombro. Siempre

que te sientas inseguro o ansioso, el ancla puede activarse para acceder a este estado emocional positivo. Conecta un estado emocional positivo con un gesto físico. Por ejemplo, si te sientes feliz, toca tu pulgar y repite la palabra "feliz". Después de un tiempo, si te tocas el dedo del pie, sentirás las emociones positivas asociadas con él.

3. Cambio de estado: A veces, cambiar el estado emocional actual de una persona puede ayudar a aumentar la autoconfianza y la autoestima. La PNL puede proporcionar las herramientas para cambiar tu estado emocional actual y pasar a un estado más positivo y productivo.

4. Reencuadre: El reencuadre cambia la percepción de la situación. En lugar de centrarte en los aspectos negativos de la situación, puedes centrarte en los aspectos positivos. Esto puede ayudar a mejorar la autoestima al cambiar la percepción que tienes de ti mismo y de la situación. Por ejemplo, si reprobó un examen, en lugar de pensar: "Soy un fracaso", puede pensar: "Necesito mejorar la forma en que estudio para obtener mejores resultados".

5. Cambio de modelos parciales: Los modelos parciales son detalles específicos que usamos para representar una experiencia en nuestra mente, como colores, sonidos, sentimientos, etc. Cambiar estos detalles puede cambiar nuestra respuesta emocional. Por ejemplo, si te da miedo hablar en público, puedes imaginar la experiencia en blanco y negro en lugar de en color, o bajar el volumen de las voces en tu cabeza.

6. LA PNL TAMBIÉN PUEDE ayudarte a establecer metas de manera efectiva y lograrlas fácilmente. Algunos ejercicios que puedes hacer son:

7. IDENTIFICACIÓN DE creencias limitantes: Identifica las creencias que te impiden alcanzar tu objetivo y reemplázalas por creencias empoderadoras. Por ejemplo, si crees que no eres lo

suficientemente bueno para conseguir un trabajo, puedes cambiar esa creencia por "tengo la capacidad de aprender y mejorar mis habilidades para conseguir cualquier trabajo que desee".

8. Preguntas poderosas: Hazte preguntas poderosas para ayudarte a concentrarte en tu propósito y encontrar soluciones creativas para superar los obstáculos. Por ejemplo: "¿Qué puedo hacer hoy para acercarme a mi meta?" o "¿Cómo puedo usar mis fortalezas para lograr mi objetivo?".

Recuerda que la práctica constante es fundamental para dominar estas técnicas de PNL y lograr resultados positivos en tu vida.

Capítulo 26: Supera los pensamientos negativos.

Los pensamientos negativos pueden afectar nuestras vidas de muchas maneras, desde reducir nuestra autoestima hasta limitar nuestras opciones. Es saber deshacerse de ellos y reemplazarlos por pensamientos positivos. Aquí hay algunas técnicas para ayudarlo a deshacerse de los pensamientos negativos:

1. Identifique los pensamientos negativos Lo primero que debe hacer es identificar los pensamientos negativos. Presta atención a tus pensamientos y reconoce los que te hacen sentir mal o te limitan de alguna manera.

2. Cuestiona tus pensamientos: Cuando identifiques un pensamiento negativo, cuestiona su validez. ¿Es realmente cierto lo que piensas? ¿Hay evidencia? Si no hay evidencia, trate de encontrar un punto de vista objetivo y realista.

3. Encuentra una actitud positiva: Reemplaza los pensamientos negativos por positivos. Por ejemplo, si tienes un pensamiento negativo como "Nunca lo haré bien", reemplázalo con "Estoy aprendiendo y mejorando con cada esfuerzo".

4. Da las gracias: La gratitud sin duda se trata de un arma poderosa. Es todo un medio para deshacerse de los pensamientos negativos. Piensa en al menos tres cosas por las que estás agradecido cada día y concéntrate en ellas. Esto te ayudará a concentrarte en lo positivo.

5. Medita: la meditación te ayuda a calmar tu mente y deshacerte de los pensamientos negativos. Pasa al menos 10 minutos al día

meditando, concentrándote en tu respiración y estando en el momento presente.

6. Actividad física: La actividad física puede ayudarte a liberar endorfinas y reducir el estrés, lo que puede reducir los pensamientos negativos. Dedique al menos 30 minutos de actividad física al día.

7. Haz una lista de tus logros: Haz una lista de tus logros y recuerda todo lo que has hecho hasta la fecha. Esto te ayudará a sentirte positivo y a deshacerte de los pensamientos negativos.

Recuerda que deshacerse de los pensamientos negativos es un proceso continuo y requiere práctica. Pero con el tiempo, puedes reemplazar los pensamientos negativos por positivos y vivir una vida más plena y feliz.

Capítulo 27:
Afirmaciones positivas.

Aquí te dejo 20 afirmaciones positivas que puedes repetir todos los días para mejorar tu estado de ánimo y aumentar tu confianza:

1. Puedo lograr cualquier cosa que me proponga.

2. Merezco ser feliz y exitoso.

3. Cada día me vuelvo más fuerte y confiado.

4. Tengo la cabeza llena de pensamientos positivos y optimistas.

5. Controlo mis emociones y reacciones.

6. Acepto mis errores y aprendo de ellos para mejorar.

7. Me amo y me acepto tal como soy.

8. Tengo la capacidad de superar cualquier obstáculo.

9. Me siento enérgico y vivo.

10. Mi cuerpo está sano y fuerte.

11. Atraigo relaciones amorosas y positivas a mi vida.

12. Soy valioso y digno de amistad y respeto.

13. Gracias por todas las bendiciones en mi vida.

14. Mis pensamientos no están enfocados en resolver problemas.

15 Tengo la capacidad de crear mi propia felicidad y bienestar.

16. Hay personas a mi alrededor que me apoyan y me quieren.

17. Soy un imán de éxito y prosperidad.

18. Me permito sentir alegría y felicidad en mi vida.

19. Soy una persona que merece todo lo bueno de la vida.

20 Mi futuro es brillante y lleno de posibilidades.

Recuerda, es importante creer y repetir estas afirmaciones regularmente para que tengan un efecto positivo en tu vida.

Capítulo 28: La felicidad de existir y la belleza de la vida.

La vida es un regalo y cada uno de nosotros es único y especial a tu manera. Ser quien significa aceptar tus fortalezas y debilidades, aprender de tus errores y ser fiel a ti mismo. La verdadera belleza de la vida está en los momentos en que somos auténticos y estamos en sintonía con nosotros mismos y el mundo que nos rodea. Aquí hay algunos pensamientos finales para ayudarte a encontrar la felicidad dentro de ti mismo y la belleza de la vida:

• Aprende a amarte a ti mismo: Aceptarte y amarte a ti mismo es conveniente para encontrar la felicidad. No te compares con los demás y aprecia tus propias cualidades y logros.

• Haz lo que te haga feliz: La felicidad no es algo que se obtiene de fuera, sino algo que hay que buscar dentro de uno mismo. Haz lo que te haga feliz y te llene de alegría.

• Aprende a vivir el presente: El pasado ya pasó y el futuro aún no está aquí. Aprende a vivir el momento y disfruta cada momento.

• Encuentra la belleza en las pequeñas cosas: La belleza se encuentra en las cosas simples de la vida, como una puesta de sol o la sonrisa de un amigo. Aprende a apreciar estas pequeñas cosas y encontrarás belleza en todo lo que te rodea.

• Celebra tus éxitos y aprende de tus errores: Todo éxito es motivo de celebración, pero aprender de nuestros errores es fundamental para crecer y mejorar como persona.

• Rodéate de gente positiva: Las personas que nos rodean pueden influir en nuestra actitud y en nuestra forma de ver la vida. Rodéate de personas positivas que te apoyen y te animen a ser la mejor versión de ti mismo.

• Sé agradecido por lo que tienes: La gratitud es una actitud poderosa que nos permite apreciar en lugar de lo que tenemos.

Capítulo 29: Poemas.

Te invito a meditar sobre el significado de estos poemas:

1

La belleza de la vida está en aceptarse
y amarte con todo tu ser.
No hay nadie como tú en todo el mundo,
Eres único y especial a tu manera.
Vive cada día con alegría y pasión,
Busca la alegría en tu corazón.
Encuentra la belleza en las cosas simples
y aprende de tus errores
Para ser más fuerte y más sabio.
Rodéate de personas positivas y amables
Y sé agradecido por todo lo que tienes.
La vida es un regalo,
Disfrútala
Sé fiel a ti mismo en cada paso del camino.

2

La mente es un universo
que se expande infinitamente
a través del poder de los pensamientos
es que sentimos en nuestra piel.

3

La atracción es la energía que fluye
a través de todo
a través de nuestra alma
como el motor de nuestro futuro.

4

La gratitud es un don
que nos permite ver la belleza
en todo lo que nos rodea
y ser felices con lo que tenemos.

5

La meditación es el camino
que nos lleva al centro de nuestro ser,
donde la mente puede iluminarse
y el espíritu puede florecer.

6

El perdón es la llave
que abre la puerta del corazón
para quitar el dolor
y el rencor
y sanar el alma con amor.

7

La confianza es la fuerza
que nos motiva a creer en nosotros mismos

y en nuestra capacidad para triunfar.

8

La aceptación es el camino
que nos lleva a la paz interior,
aceptas lo que no podemos cambiar
y disfrutas amorosamente lo que tienes.

9

El descubrirnos es una aventura
que nos lleva a conocer de verdad
quiénes somos,
descubrir nuestras pasiones y talentos,
y abrazar
nuestra verdadera naturaleza.

10

El crecimiento personal es un viaje
que nos lleva a lugares desconocidos
donde aprendemos de nuestros errores
y nos fortalecemos para seguir avanzando.

11

La resiliencia es una cualidad
que nos permite enfrentar la adversidad
salir más fuertes y sabios
dispuestos a vivir
con gratitud y plenitud.

12

La comunicación es una danza
que nos permite conectarnos
con los demás
escuchando y hablando
con respeto
para crear lazos
de confianza y amor.

13

Las relaciones son como un jardín
que necesita cuidados
y amor para crecer
y florecer con fuerza
y darnos felicidad y calor.

14

La empatía es un don
que nos permite sentir el dolor ajeno
ser compasivos y bondadosos
para llevar luz a quienes sufren.

15

La inteligencia emocional es una habilidad
que nos permite reconocer nuestras emociones
gestionarlas con sabiduría y amor
para vivir con equilibrio y pasión.

16
La creatividad es una llama
que arde en nuestro corazón
creando mundos de belleza
color para compartir
con el mundo entero.
19
La pasión es un fuego
que nos quema
en el alma
impulsándonos
a seguir adelante y lograr
lo que quieres

20
Agradece cada día lo que tienes
No te enfoques en lo que falta
Encuentra la belleza en las pequeñas cosas
verás que tu vida está llena de abundancia
Da gracias por el sol que sale cada mañana
por la lluvia que hace florecer las flores
Agradece por las personas que te rodean
por las oportunidades que se te presentan
La gratitud te llevará a un lugar de paz
te enseñará a valorar lo que tienes
Así que empieza cada día
con un corazón agradecido
verás cómo tu vida florecer
con amor y felicidad

21

A través de la niebla y el humo,
encontrarás un camino que sigue adelante,
cada paso que tomas te acerca más,
a las metas que te marcas para alcanzar.
Con determinación y esfuerzo
cada sueño se hará realidad,
con enfoque y determinación
tu éxito será inquebrantable.

22

En el reloj del tiempo,
un tictac constante,
Muestra cada momento
como un regalo brillante,
Tome el regalo,
no espere hasta mañana,
comience a operar.
La procrastinación es un ladrón astuto
que roba y esconde la oportunidad de triunfar,
la productividad es un arma que la derrota
el tiempo es un tesoro ganado en la batalla.

23

El sol no brilla siempre,
la luna no siempre ilumina,
a veces debes decir no,
para proteger tu propia salud mental,
establece límites sanos,
que protejan tu ser,

y nunca temas decir no,
por tu bienestar y poder.

24

Tu tiempo y tu energía
son tus tesoros más preciados,
no los gastes en cosas
que te dejen agotado,
debes aprender a decir no,
para ser verdaderamente libre,
y establecer límites saludables,
para proteger tu mente y tu cuerpo.

25

La soledad sin duda se trata de una experiencia dolorosa
que deja el corazón vacío y sin amor,
pero la amistad puede llenar ese vacío
y hacerte sentir como si estuvieras en el cielo.
Encuentra grupos y actividades que te hagan sentir vivo,
únete a clubes y equipos para compartir,
la vida es demasiado corta para vivir solo,
así que rodéate de buenas personas
y vive una vida feliz.

26

Amarse a sí mismo es un trabajo sagrado
que requiere paciencia.
La autoestima es la llave que abre
la puerta a la felicidad
y del éxito que buscas.
Cada pequeño paso

te acerca a la persona que siempre quisiste ser.
Amarte a ti mismo
es la piedra angular
que te ayudará a vivir
tu vida al máximo.

27

En tu cabeza hay un mundo mágico
lleno de imágenes y pensamientos fantásticos,
visualiza tus sueños y deseos
y la pantalla mental te lo mostrará.
el camino para llegar allí
La visualización creativa
es una poderosa herramienta
para ayudarte a crear la vida
que siempre has soñado,
así que cierra los ojos y sueña
y tu pantalla mental
te mostrará el camino
hacia tu destino.

28

La mente es un jardín,
que necesita cuidados y atención,
los pensamientos negativos son
lo peor
no los abraces
destiérralos.

29

Deja ir los pensamientos que te impiden avanzar,
no permitas que te detengan ni te hagan dudar
Identifícalos y luego déjalos ir,
no dejes que te limiten,
déjalos vivir de nuevo.
Haz sitio al positivismo en tu cabeza
y verás que tu vida se vuelve más productiva.
Cree en ti mismo
y nunca te rindas,
recuerda que eres fuerte
y puedes vencer.

30

Afirmo mi valor, potencial y poder,
creo en mi capacidad para lograr
cualquier cosa que me proponga.
Afirmo mi amor y habilidad para amar
y compartir mi luz con todos los que la recibirán.
Afirmo mi abundancia en todos los aspectos
atraigo a mi vida todo lo que necesito y merezco.
Afirmo mi paz interior
la capacidad de ser feliz
y disfrutar cada momento.
Confirmo mi fe en el universo
y mis sentimientos
y sé que estoy en el camino correcto,
en la dirección correcta de mi misión.
Afirmo mi gratitud por lo que tengo
y todo lo que está por venir,
y espero cada nuevo día
con alegría y esperanza.

31
No dejes que los pensamientos que obstaculizan tu progreso te
detengan
o te hagan durar de ti.
Identifícalos
y luego déjalos ir,
no dejes que te limiten,
déjalos
vive de nuevo.
Haz espacio en tu mente a la visión
más bonita de las cosas
tu vida se vuelve más hermosa.
Cree en ti mismo y nunca te rindas,
recuerda que eres fuerte
eres el ganador

Capítulo 31: Asumir los errores.

Es normal que en algún momento de nuestra vida cometamos errores o hagamos cosas de las que nos arrepentimos, pero no debemos permitir que esos sentimientos nos consuman y nos impidan seguir adelante.

Para liberarte de la culpa y el arrepentimiento, te sugiero seguir estos pasos:

Acepta que cometiste un error: En lugar de negarlo o tratar de justificarlo, reconoce que hiciste algo que no fue correcto y que te arrepientes de ello.

Perdónate a ti mismo: Una vez que hayas aceptado tu error, es importante que te perdones a ti mismo. Nadie es perfecto, todos cometemos errores y es importante que sepas que mereces el perdón y la compasión tanto como cualquier otra persona.

Aprende de tu error: En lugar de enfocarte en la culpa y el arrepentimiento, trata de verlo como una oportunidad para aprender. Piensa en lo que podrías haber hecho de manera diferente y cómo podrías evitar cometer el mismo error en el futuro.

Haz las paces con los demás: Si tu error afectó a otras personas, es importante que intentes hacer las paces con ellas. Pide disculpas y haz lo posible por reparar el daño.

Deja ir el pasado: Una vez que hayas aceptado tu error, te hayas perdonado a ti mismo, hayas aprendido de la experiencia y hayas hecho las paces con los demás, es hora de dejar ir el pasado y seguir adelante. Enfócate en el presente y en lo que puedes hacer para mejorar tu vida.

Recuerda que liberarte de la culpa y el arrepentimiento no es un proceso fácil y puede llevar tiempo. Pero es importante que seas amable contigo mismo y que te permitas avanzar hacia una vida más plena y satisfactoria.

Capítulo 32: Subir la autoestima.

La autoestima es la valoración que hacemos de nosotros mismos, y tener una autoestima saludable es fundamental para vivir una vida plena y satisfactoria. Si sientes que tu autoestima podría mejorar, no te preocupes, existen muchas formas de hacerlo. En este capítulo, te presento algunas técnicas que puedes utilizar para subir formidablemente tu autoestima.

Acepta tus errores y aprende de ellos.

Es normal cometer errores, todos los hacemos. Pero en lugar de castigarte a ti mismo por ellos, aprende de tus errores. Analiza qué puedes hacer mejor la próxima vez, y aplaude tus esfuerzos por mejorar.

Haz una lista de tus fortalezas y logros.

A veces, nos enfocamos demasiado en lo negativo, olvidando nuestras fortalezas y logros. Haz una lista de tus fortalezas, talentos y habilidades, y piensa en momentos en los que has logrado algo que te haya hecho sentir orgulloso. Mírate en el espejo y repite estas cosas en voz alta.

Rodéate de personas que te apoyen

Las personas con las que pasas tiempo pueden influir en tu autoestima. Rodéate de personas que te apoyen y te hagan sentir bien contigo mismo. Evita a las personas negativas o críticas que te hagan sentir mal contigo mismo.

Haz algo que te haga sentir bien contigo mismo.

Haz algo que disfrutes y que te haga sentir bien contigo mismo, ya sea algo creativo como pintar o escribir, o algo físico como ir al gimnasio o hacer yoga. Al hacerlo, te recordarás a ti mismo que eres capaz de hacer cosas que te hacen sentir bien.

Practica el autocompasión.

Cuando te sientas mal contigo mismo, en lugar de ser crítico o juzgador, practica la autocompasión. Trata de ser amable y compasivo contigo mismo, como lo harías con un amigo que estuviera pasando por lo mismo. Reconoce tus sentimientos y recuerda que eres humano y que no eres perfecto.

Cree en ti mismo.

Cree en ti mismo y en tus capacidades. Visualiza tus metas y objetivos, y trabaja duro para lograrlos. No te desanimes por los obstáculos que puedas enfrentar, ya que todos tenemos contratiempos en la vida. Cree en ti mismo y sigue adelante.

Estas son solo algunas técnicas que puedes utilizar para subir formidablemente tu autoestima. Practica estas técnicas regularmente y verás cómo tu autoestima comienza a mejorar. Recuerda que eres una persona única y valiosa, mereces amor y respeto, ¡y nunca olvides de amarte a ti mismo!

Capítulo 33: La ilusión.

La ilusión es la chispa que enciende nuestra vida y nos mueve a hacer cosas nuevas. Cuando estamos ilusionados con un proyecto, nos sentimos llenos de energía y motivación, y esa fuerza interior nos empuja a seguir adelante a pesar de los obstáculos que puedan presentarse en el camino.

¿Por qué es importante tener ilusión en la vida? Porque la ilusión nos ayuda a encontrar el sentido y el propósito en lo que hacemos. Cuando nos sentimos ilusionados, sentimos que lo que hacemos tiene un valor y una importancia para nosotros, y eso nos hace sentir más felices y satisfechos con nuestras vidas.

Para cultivar la ilusión en la vida, es importante tener en cuenta los siguientes aspectos:

Descubre lo que te apasiona: La ilusión surge de la pasión por algo, por lo que es importante descubrir qué es lo que realmente te gusta y te mueve. Si no tienes claro lo que te apasiona, dedica tiempo a explorar diferentes opciones hasta encontrar algo que realmente te motive.

Establece objetivos: Una vez que has descubierto lo que te apasiona, establece objetivos claros y alcanzables que te permitan avanzar hacia ese sueño. Estos objetivos deben ser lo suficientemente retadores como para que te mantengan motivado, pero no tanto como para que te desalientes.

Celebra los pequeños logros: Cada pequeño paso que das hacia tus objetivos es un motivo para celebrar y sentirte orgulloso de ti mismo.

Aprende a reconocer y valorar tus logros, por pequeños que sean, y permítete sentir la satisfacción de haber avanzado hacia tus metas.

Visualiza el éxito: Visualizar el éxito es una técnica muy poderosa para mantener la ilusión y la motivación. Imagina cómo te sentirás cuando hayas alcanzado tus objetivos y visualiza cada detalle de ese momento. Esto te ayudará a mantenerte enfocado en el objetivo y a superar los momentos de desánimo.

Busca apoyo: No te aísles en tu camino hacia tus objetivos. Busca el apoyo de amigos, familiares o incluso de un coach o terapeuta que pueda guiarte y motivarte en momentos de duda o decaimiento.

Recuerda que la ilusión es una fuerza interior que puedes cultivar y desarrollar en tu vida. Cuando aprendes a nutrirla, te conviertes en una persona más feliz, motivada y realizada.

Capítulo 34: Los miedos.

Los miedos son una emoción normal y natural que todos experimentamos en algún momento de nuestra vida. Sin embargo, en ocasiones estos miedos pueden ser tan intensos que nos paralizan y nos impiden vivir plenamente. Es importante aprender a superar los miedos para poder enfrentar los desafíos de la vida con confianza y seguridad.

Identifica tus miedos: El primer paso para superar los miedos es identificarlos. Haz una lista de todos los miedos que tienes, por pequeños que sean. Una vez que los identifiques, podrás trabajar en cada uno de ellos de manera específica.

Analiza tus miedos: ¿Qué es lo que te asusta de cada uno de tus miedos? Analiza en detalle cada uno de ellos, identificando las razones por las que te causan miedo.

Cuestiona tus miedos: Una vez que hayas identificado y analizado tus miedos, cuestiónalos. ¿Son realmente tan terribles como parecen? ¿Son realistas o son exageraciones de tu mente?

Enfrenta tus miedos: El siguiente paso es enfrentar tus miedos. Hazlo de manera gradual, empezando por los miedos más pequeños y avanzando hacia los más grandes. Cada vez que enfrentes un miedo, te sentirás más fuerte y confiado.

Usa la imaginación: La imaginación sin duda se trata de una herramienta poderosa para superar los miedos. Imagina cómo sería tu vida si no tuvieras ese miedo y visualiza cómo sería la situación en la que temes enfrentarte. Practica esto regularmente y verás cómo tus miedos se van desvaneciendo.

Busca apoyo: A veces necesitamos ayuda para superar los miedos. Busca el apoyo de amigos, familiares o un terapeuta si sientes que necesitas ayuda adicional.

Ejemplos:

Miedo a hablar en público: Identifica las razones por las que te da miedo hablar en público. ¿Temes equivocarte? ¿Temes ser juzgado por los demás? Cuestiónate si estas razones son realistas. Luego, empieza a enfrentar tu miedo hablando en público en situaciones pequeñas, como frente a amigos o familiares. Luego, ve avanzando hacia situaciones más grandes como presentaciones de trabajo o en eventos sociales.

Miedo a volar en avión: Identifica las razones por las que te da miedo volar en avión. ¿Temes que el avión se estrelle? ¿Temes sentirte atrapado en un espacio reducido? Una vez que las razones están claras, cuestiónate si estas son realistas. Luego, enfrenta tu miedo gradualmente. Empieza por volar en vuelos cortos y luego ve avanzando a vuelos más largos. Puedes usar la imaginación para visualizar cómo sería el vuelo y cómo te sentirías una vez que llegues a tu destino.

Miedo a la oscuridad: Identifica las razones por las que te da miedo la oscuridad. ¿Temes que haya alguien escondido en la oscuridad? ¿Temes no ver hacia

Una técnica para fortalecer la confianza en ti mismo es enfocarte en tus fortalezas y habilidades. Todos tenemos talentos y habilidades únicas que nos hacen especiales y valiosos. En lugar de enfocarte en tus debilidades o en lo que te falta, enfócate en lo que tienes y en lo que puedes hacer.

Haz una lista de tus fortalezas y habilidades, y revísala regularmente para recordarte a ti mismo lo que eres capaz de hacer. También puedes buscar oportunidades para mejorar tus habilidades a través de la formación, la lectura y la práctica.

Otra técnica para fortalecer la confianza en ti mismo es tomar riesgos calculados. Esto significa tomar decisiones que te permitan crecer y aprender, pero que también sean realistas y manejables. Al tomar riesgos calculados, estás demostrándote a ti mismo que puedes hacer frente a los desafíos y que eres capaz de tomar decisiones informadas.

Por ejemplo, si quieres mejorar tus habilidades de hablar en público, puedes tomar un curso de oratoria o practicar con amigos cercanos antes de hablar frente a un grupo más grande. Al tomar riesgos calculados y enfrentar tus miedos, te estarás fortaleciendo a ti mismo y aumentando tu confianza.

Recuerda que la confianza en ti mismo es algo que se construye con el tiempo. No esperes tener una confianza sólida de la noche a la mañana. En cambio, trabaja constantemente en tu autoconocimiento, en el desarrollo de tus habilidades y en la toma de riesgos calculados, y verás que tu confianza en ti mismo crecerá gradualmente con el tiempo.

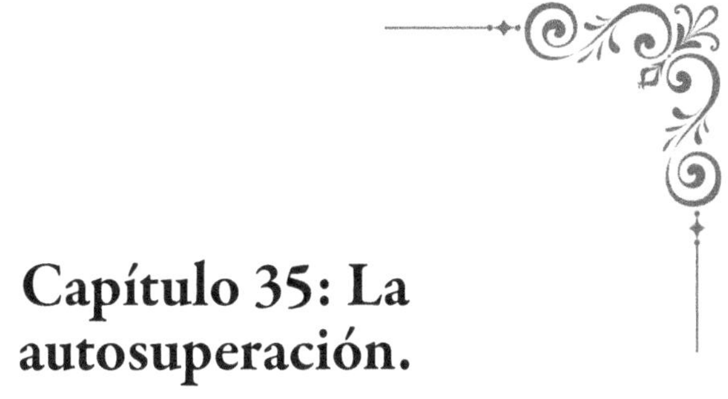

Capítulo 35: La autosuperación.

La autosuperación es una capacidad que todos tenemos dentro de nosotros, pero que a veces puede resultar difícil de desarrollar. Sin embargo, a lo largo de la historia, muchas personas han logrado superar grandes obstáculos y convertirse en verdaderos ejemplos de autosuperación. En este capítulo, hablaremos sobre algunas de estas personas y en qué se autosuperaron.

Helen Keller: Helen Keller fue una escritora y activista estadounidense que quedó sorda y ciega a los 19 meses de edad debido a una enfermedad. A pesar de estos desafíos, Keller logró graduarse de la universidad y convertirse en una reconocida activista por los derechos de las personas con discapacidades.

Oprah Winfrey: Oprah Winfrey es una presentadora de televisión, actriz y empresaria estadounidense que superó la pobreza y los abusos para convertirse en una de las mujeres más influyentes del mundo. Oprah ha hablado abiertamente sobre sus luchas con la obesidad, el abuso y la depresión, y cómo ha aprendido a superar estos obstáculos para alcanzar el éxito. Oprah Winfrey, ha superado muchos obstáculos en su vida para convertirse en una de las mujeres más influyentes del mundo. A pesar de su difícil infancia, que incluyó abuso sexual y emocional, no se rindió y trabajó incansablemente para alcanzar sus metas. Después de comenzar su carrera como locutora de radio, se convirtió en presentadora de televisión y más tarde fundó su propia red de televisión, OWN.

Nelson Mandela: Nelson Mandela fue un líder sudafricano que luchó contra el apartheid y pasó 27 años en prisión por sus actividades políticas. Después de su liberación, Mandela se convirtió en el primer presidente negro de Sudáfrica y trabajó para unir a su país y poner fin a la discriminación racial. Pasó 27 años en prisión pero a pesar de esto, nunca perdió la fe en su causa y continuó luchando por la igualdad racial en Sudáfrica. Finalmente, fue liberado y se convirtió en el primer presidente negro de Sudáfrica. Su ejemplo de resistencia pacífica y perdón inspiró a muchas personas en todo el mundo.

Stephen Hawking: · Stephen Hawking fue un físico teórico británico que vivió con esclerosis lateral amiotrófica (ELA) durante la mayor parte de su vida. A pesar de estar confinado a una silla de ruedas y tener que comunicarse a través de una computadora, Hawking hizo importantes contribuciones a la física y se convirtió en una figura pública ampliamente reconocida y respetada.

J.K. Rowling: J.K. Rowling es una escritora británica que se hizo famosa por su serie de novelas de Harry Potter. Antes de escribir los libros de Harry Potter, Rowling era una madre soltera que vivía con muy poco dinero. Sin embargo, su pasión por la escritura la llevó a perseverar y finalmente a convertirse en una de las escritoras más exitosas de todos los tiempos. Rowling pasó por momentos muy difíciles antes de convertirse en una de las autoras más vendidas de todos los tiempos. En 1990, mientras viajaba en un tren, tuvo la idea de escribir un libro sobre un niño que asistía a una escuela de magia, pero tuvo problemas para encontrar trabajo y vivía de beneficios gubernamentales. A pesar de los rechazos iniciales de varias editoriales, no se rindió y finalmente encontró un editor dispuesto a publicar su libro. Desde entonces, la serie "Harry Potter" se ha convertido en un fenómeno mundial, vendiendo más de 500 millones de copias en todo el mundo.

Nick Vujicic: Nick Vujicic es un orador motivacional y autor australiano que nació sin brazos ni piernas debido a una rara enfermedad congénita. A pesar de sus discapacidades, Vujicic ha logrado viajar por todo el mundo dando charlas motivacionales y ha escrito varios libros sobre cómo superar los obstáculos.

Malala Yousafzai: Malala Yousafzai es una activista por la educación de las niñas pakistaníes que sobrevivió a un intento de asesinato por parte de los talibanes. Después del ataque, Malala se convirtió en una defensora aún más fuerte de los derechos de las mujeres y los niños a recibir educación. Esta joven paquistaní fue atacada por los talibanes a la edad de 15 años por defender el derecho a la educación de las mujeres en su país. A pesar de esto, ella continuó luchando por sus convicciones y se convirtió en la persona más joven en recibir el Premio Nobel de la Paz. Su valentía y determinación inspiraron a muchas personas en todo el mundo.

Michael Jordan: Michael Jordan es un exjugador de baloncesto estadounidense que se considera uno de los mejores jugadores de la historia. el ejemplo de Michael Jordan, se puede destacar cómo su perseverancia y dedicación lo llevaron a convertirse en uno de los jugadores de baloncesto más exitosos de todos los tiempos. Jordan fue cortado del equipo de baloncesto de la escuela secundaria, pero no se dio por vencido y continuó entrenando y mejorando su juego. Después de ser seleccionado en el tercer lugar del draft de la NBA, trabajó incansablemente para mejorar su juego y liderar a los Chicago Bulls a seis campeonatos de la NBA.

Raoul Wallenberg: Este diplomático sueco salvó a miles de judíos durante la segunda guerra Mundial en Budapest, Hungría. Él proporcionó a los judíos suecos y pasaportes de protección, creó lugares de refugio y utilizó su influencia para impedir las deportaciones de judíos a campos de concentración nazis. A pesar de su valentía, fue arrestado por las tropas soviéticas al final de la guerra y nunca se supo con certeza su destino. Su ejemplo de coraje y humanidad continúa inspirando a muchas personas en todo el mundo.

Chesley "Sully" Sullenberger: Este piloto de avión logró aterrizar un avión en el río Hudson en Nueva York después de que los motores fallaran. Gracias a su habilidad y calma, los 155 pasajeros y tripulantes a bordo sobrevivieron. Su ejemplo de profesionalismo y liderazgo en situaciones de crisis inspiró a muchos.

Harriet Tubman: Esta abolicionista estadounidense arriesgó su vida para ayudar a cientos de esclavos a escapar a través del ferrocarril subterráneo, una red secreta de rutas y escondites utilizados por los esclavos para huir hacia la libertad. Tubman fue conocida como "la Moisés negra" por su valentía y dedicación a la causa de la libertad. Su ejemplo de liderazgo y determinación inspira a muchas personas en la lucha por la justicia social.

Todos ellos enfrentaron desafíos y miedos, pero lograron superarlos y lograr grandes cosas. Sus historias nos recuerdan que todos tenemos la capacidad de ser héroes en nuestra propia vida si luchamos por nuestras convicciones y nos enfrentamos a nuestros miedos.

Capítulo 36: La supervivencia en situaciones extremas.

Ernest Shackleton, lideró una expedición a la Antártida en el barco Endurance en 1914. Su objetivo era cruzar el continente antártico de costa a costa, pero el barco quedó atrapado en el hielo en el mar de Weddell antes de llegar a la costa. La tripulación se encontró en una situación muy difícil, en la que tuvieron que luchar contra el frío extremo, la soledad y el aislamiento durante más de un año.

Shackleton y su tripulación enfrentaron numerosos desafíos en su lucha por sobrevivir en la Antártida. El hielo que rodeaba su barco los aplastó y finalmente se hundió, dejándolos varados en la banquisa. La tripulación se vio obligada a vivir en refugios improvisados en el hielo mientras esperaban la llegada del verano antártico para intentar salir de allí. Durante este tiempo, Shackleton mantuvo a sus hombres motivados y ocupados organizando partidos de fútbol en el hielo y enseñándoles fotografía.

Después de varios intentos fallidos de escapar en botes salvavidas, Shackleton tomó la decisión de liderar una pequeña tripulación a través del hielo para buscar ayuda en una estación ballenera en la isla de Georgia del Sur. Esta fue una hazaña increíblemente peligrosa, ya que tuvieron que atravesar una de las regiones más hostiles y solitarias del mundo en condiciones climáticas extremadamente difíciles.

La tripulación enfrentó una lucha extrema para sobrevivir en la Antártida. En su viaje de 800 millas a través del mar abierto en un pequeño bote, tuvieron que soportar tormentas, frío extremo y olas gigantes. Pero finalmente lograron llegar a la isla de Georgia del Sur, y Shackleton y algunos de sus hombres tuvieron que hacer una peligrosa caminata por las montañas nevadas para llegar a la estación balleneram caminaron durante más de 36 horas por montañas peligrosas y glaciares traicioneros para llegar a la estación ballenera.

Finalmente, después de 17 días, Shackleton pudo obtener ayuda y organizar un rescate para el resto de su tripulación.

La hazaña de Shackleton fue un ejemplo de liderazgo y perseverancia en condiciones extremadamente difíciles. A pesar de las dificultades, Shackleton se mantuvo positivo y motivó a su tripulación para que no perdieran la esperanza. Su éxito en salvar a todos los miembros de su tripulación es un ejemplo de cómo el liderazgo, la perseverancia y la determinación pueden salvar vidas y lograr resultados sorprendentes en situaciones extremas.

El ejemplo de Shackleton nos enseña que la determinación y el coraje pueden superar cualquier obstáculo, por más difícil que parezca. Su hazaña es un recordatorio de que podemos superar nuestras propias adversidades y lograr cosas increíbles si tenemos fe en nosotros mismos y en nuestro equipo. Su historia nos muestra que incluso en las situaciones más extremas, la humanidad y la solidaridad pueden prevalecer. La historia de Shackleton es una fuente de inspiración para todos aquellos que luchan por superar sus propios desafíos en la vida, y demuestra que la resiliencia es una de las cualidades más valiosas

Capítulo 37: Lograr grandes metas.

El viaje de Magallanes es considerado uno de los mayores hitos de la historia de la exploración. En este viaje, que comenzó en 1519, el navegante portugués Fernão de Magalhães (conocido como Magallanes en español) encabezó una expedición para encontrar una ruta hacia las islas de las especias en las Indias Orientales. La expedición resultó en el descubrimiento del Estrecho de Magallanes, una ruta marítima que conecta el Océano Atlántico y el Pacífico a través del extremo sur de América.

La expedición de Magallanes tuvo que enfrentar muchos desafíos y dificultades durante su viaje. Después de llegar a Brasil, Magallanes navegó hacia el sur por la costa de América del Sur en busca del estrecho. Los barcos de la expedición enfrentaron tormentas y vientos fuertes mientras navegaban por aguas desconocidas, lo que resultó en la pérdida de uno de los cinco barcos de la expedición.

Después de casi cinco meses de navegación, la expedición llegó al Estrecho de Magallanes en octubre de 1520. Magallanes navegó a través del estrecho, enfrentando peligrosos remolinos y fuertes corrientes, antes de llegar al Océano Pacífico.

La travesía del Océano Pacífico fue particularmente difícil. La tripulación enfrentó la falta de comida y agua, lo que resultó en escorbuto. El escorbuto es una enfermedad causada por la falta de vitamina C, que provoca sangrado de las encías, debilidad y dolor en las articulaciones. Magallanes tuvo que encontrar nuevas fuentes de alimento para su tripulación, como las algas y los mejillones, para combatir el escorbuto.

Finalmente, después de casi tres años de viaje, la expedición de Magallanes regresó a España en 1522. Magallanes no sobrevivió a la expedición, pero su hazaña fue un logro sin precedentes en la historia de la navegación. La expedición demostró que la tierra era redonda y abrió nuevas rutas comerciales que permitieron el comercio de especias entre Europa y Asia.

La hazaña de Magallanes es un ejemplo de cómo la perseverancia, la determinación y la valentía pueden llevar a grandes logros. A pesar de las dificultades que enfrentó durante su viaje, Magallanes siguió adelante y continuó explorando, lo que resultó en una de las hazañas más notables de la historia de la navegación.

Capítulo 38: Aprende a relajarte usando mandalas.

En los últimos años, el uso de mandalas como herramienta de relajación y meditación ha ganado popularidad en todo el mundo. Un mandala es una forma geométrica que representa el universo y se utiliza como ayuda para la meditación. El uso de mandalas puede ayudar a reducir el estrés y la ansiedad, así como a mejorar la concentración y la creatividad.

La creación y coloración de mandalas es una forma efectiva de relajarte y aliviar la tensión. El proceso de dibujar o colorear un mandala ayuda a enfocar la mente en una tarea concreta, lo que sin duda se trata de muy útil para aquellas personas que tienen dificultades para dejar de pensar en preocupaciones y problemas cotidianos.

Algunos estudios han demostrado que la creación y coloración de mandalas puede tener un efecto positivo en el bienestar emocional y la salud mental. La técnica de coloración de mandalas es fácil de aprender y no requiere de habilidades artísticas especiales.

Para empezar a utilizar los mandalas como herramienta de relajación, lo primero que debemos hacer es seleccionar un mandala que nos guste. A continuación, podemos imprimirlo o dibujarlo a mano, según nuestras preferencias. Una vez que tengamos nuestro mandala, podemos empezar a colorearlo. Se recomienda utilizar colores que nos gusten y que nos produzcan una sensación de calma y relajación.

Es importante tomarte el tiempo necesario para colorear el mandala y concentrarte en el proceso. Es una buena idea acompañar la actividad con música suave o sonidos relajantes para crear un ambiente propicio para la meditación y la relajación.

El uso de mandalas es una forma efectiva y accesible de relajarte y aliviar el estrés. Además, la creación y coloración de mandalas puede ayudar a mejorar la concentración y la creatividad, así como a promover el bienestar emocional y la salud mental. Si nunca has probado esta técnica de relajación, ¡anímate a hacerlo y descubre sus beneficios por ti mismo!

Capítulo 39: Paz interior con mantras.

La meditación y la práctica de mantras son herramientas poderosas para relajar la mente y reducir el estrés. Un mantra es una palabra o frase que se repite una y otra vez con el fin de centrar y tranquilizar la mente. En este capítulo, exploraremos algunos mantras comunes que puedes utilizar para reducir la ansiedad y calmar tu mente.

Om

Om es un sonido sagrado que se utiliza comúnmente en la meditación y el yoga. Es un mantra poderoso que se dice que es la vibración del universo. Al recitar Om, puedes sentir una sensación de paz y conexión con el mundo que te rodea.

So Ham

So Ham es un mantra que se traduce como "Yo soy eso". Al recitar este mantra, puedes sentir una conexión más profunda con el universo y con tu propio ser. También puedes utilizar este mantra para visualizar que respiras la palabra "So" mientras inhalas y "Ham" mientras exhalas.

Om Namah Shivaya

Om Namah Shivaya es un mantra que honra al dios hindú Shiva. Este mantra se utiliza para invocar la energía de Shiva, que se asocia con la tranquilidad y la transformación. Al recitar este mantra, puedes liberar la ansiedad y abrirte a la paz interior.

Lokah Samastah Sukhino Bhavantu

Lokah Samastah Sukhino Bhavantu es un mantra en sánscrito que se traduce como "Que todos los seres en el mundo sean felices y libres".

Este mantra se utiliza para cultivar la compasión y la empatía por los demás, lo que puede ayudarte a sentir una mayor conexión con el mundo que te rodea.

Sat Nam

Sat Nam es un mantra en sánscrito que se traduce como "Verdad es mi identidad". Al recitar este mantra, puedes conectarte con tu verdadera esencia y sentir una mayor paz y claridad en tu mente.

Om Shanti Shanti Shanti

Om Shanti Shanti Shanti es un mantra que se utiliza comúnmente en la meditación y el yoga para invocar la paz y la serenidad. Al recitar este mantra, puedes sentir una sensación de calma y equilibrio en tu mente y en tu cuerpo.

Prueba estos mantras durante tu próxima sesión de meditación o cuando necesites reducir el estrés y relajar tu mente. Verás cómo poco a poco te acostumbras a recitarlos y cómo se convierten en una herramienta poderosa para tranquilizarte y encontrar paz interior.

Capítulo 40: Buda el iluminado.

Buda es uno de los personajes más influyentes en la historia de la humanidad. Fundador del budismo, su legado ha trascendido las fronteras geográficas y culturales de su tiempo y ha llegado hasta nuestros días. Su filosofía se centra en la búsqueda de la felicidad y la liberación del sufrimiento.

La enseñanza principal de Buda es la de los Cuatro Nobles Verdades, que establecen que la vida está llena de sufrimiento, que este sufrimiento es causado por el deseo y la ignorancia, que es posible liberarse del sufrimiento mediante la eliminación del deseo y la ignorancia, y que el camino hacia la liberación se alcanza a través del Noble Camino Óctuple, que consta de la recta comprensión, la recta intención, la recta acción, la recta palabra, la recta conducta, la recta atención, la recta concentración y la recta meditación.

El enfoque de Buda en la felicidad no se basa en la búsqueda de placeres externos o materiales, sino en la transformación interna. La meditación es una herramienta fundamental en su práctica, y se utiliza para cultivar la atención plena y la conciencia de uno mismo.

El budismo ha tenido un gran impacto en el mundo, y su influencia se extiende desde Asia hasta Europa y América. Sus enseñanzas se han adaptado a diferentes culturas y contextos, y han sido aplicadas en la psicología, la terapia y otras áreas de la vida.

La contribución de Buda a la felicidad del mundo radica en su enfoque en la transformación interna, la práctica de la atención plena y la conciencia de uno mismo, y la búsqueda de la liberación del sufrimiento. Su filosofía ha inspirado a millones de personas a lo largo de los siglos a encontrar la paz y la felicidad dentro de sí mismos.

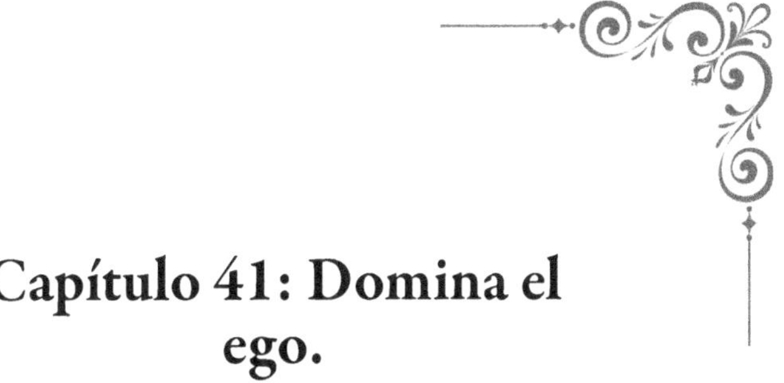

Capítulo 41: Domina el ego.

El ego es una parte natural de nuestra psique, pero cuando se descontrola puede causar estragos en nuestra vida y relaciones. El ego puede hacernos sentir superiores a los demás, creer que siempre tenemos la razón y resistirnos a aceptar críticas o errores.

Sin embargo, es posible disminuir el control del ego y cultivar una actitud más humilde y abierta. Una forma de hacerlo es a través de la práctica de la meditación, la cual nos ayuda a observar nuestros pensamientos y emociones sin dejarnos arrastrar por ellos.

También es útil reflexionar sobre nuestras motivaciones y valores, y poner en práctica la empatía y la compasión hacia los demás. De esta forma, podemos aprender a escuchar y valorar las perspectivas de los demás, aceptar nuestras limitaciones y errores, y enfocarnos en nuestras fortalezas y valores internos en lugar de buscar la validación externa.

El ego también sin duda se trata de disminuido al reconocer que todos somos iguales y que nadie es superior a nadie más. Al practicar la humildad y el respeto hacia los demás, podemos cultivar relaciones más positivas y armoniosas.

Aprende a escuchar y a considerar las opiniones de los demás sin interrumpirlos o juzgarlos. Trata de entender su punto de vista y empatizar con ellos.

Evita hablar siempre de ti mismo y tus logros. En vez de eso, muestra interés en los demás y sus intereses, y celebra sus logros con ellos.

Reconoce tus errores y aprende de ellos en vez de justificarlos o culpar a los demás. Acepta la responsabilidad por tus acciones y toma medidas para corregir tus errores.

Practica la humildad, reconociendo que nadie lo sabe todo y siempre hay algo nuevo que aprender.

Busca feedback constructivo de los demás y trabaja para mejorar en las áreas que necesitas crecer.

No busques siempre la aprobación o validación de los demás, aprende a confiar en ti mismo y en tus decisiones.

Practica la gratitud, enfocándote en lo que tienes en vez de lo que te falta. Agradece a los demás y valora sus contribuciones a tu vida.

Aprende a perdonar y dejar ir las cosas negativas del pasado. No te aferres a rencores o resentimientos, ya que esto sólo te hará sentir infeliz.

Ayuda a los demás sin esperar nada a cambio. Haz algo bueno por alguien más cada día, ya sea una pequeña acción o un acto de generosidad.

Reconoce que el ego es un obstáculo para la felicidad y trabaja activamente para disminuirlo. La práctica de la meditación y la introspección puede ayudar en este proceso.

Capítulo 42: Mejora tu autoestima.

Mejora tu autoestima: Amarte a ti mismo significa aceptarte y valorarte, lo que aumenta tu autoestima y te hace sentir más seguro y feliz contigo mismo.

Atracción positiva: Si te amas a ti mismo, emitirás una energía positiva que atraerá a personas con una vibración similar a la tuya, lo que significa que te rodearás de personas positivas que te ayudarán a ser más feliz.

Crecimiento personal: Aprender a amarte a ti mismo implica trabajar en tu crecimiento personal y en tu relación contigo mismo, lo que te llevará a alcanzar tus metas y a ser más feliz en general.

Te hace más resiliente: Cuando te amas a ti mismo, tienes la capacidad de superar los obstáculos y las dificultades de la vida con mayor facilidad, ya que tienes una fuente interna de amor y confianza que te ayuda a mantenerte fuerte y positivo.

Fomenta la creatividad: Amar a ti mismo significa permitirte ser quien eres y expresarte libremente, lo que te ayuda a desarrollar tu creatividad y a encontrar nuevas formas de expresarte.

Disminuye la ansiedad: Cuando te amas a ti mismo, eres más compasivo y te tratas con amor y respeto, lo que te ayuda a disminuir los niveles de ansiedad y estrés.

Fortalece las relaciones: Cuando te amas a ti mismo, tienes más amor y respeto para ofrecer a los demás, lo que ayuda a fortalecer tus relaciones y a mantenerlas saludables.

Mejora tu salud: Amarte a ti mismo también significa cuidar tu salud y bienestar, lo que se traduce en una vida más saludable y feliz.

Fomenta la confianza: Cuando te amas a ti mismo, tienes una mayor confianza en tus habilidades y en tus decisiones, lo que te ayuda a tomar decisiones más informadas y a vivir una vida más plena.

Te hace más compasivo: Amarte a ti mismo te permite ser más compasivo y amoroso con los demás, lo que ayuda a crear un mundo más amoroso y compasivo en general.

Te permite establecer límites saludables: Cuando te amas a ti mismo, eres capaz de establecer límites saludables en tus relaciones y en tu vida, lo que te ayuda a mantener una vida más equilibrada y feliz.

Fomenta la independencia emocional: Amarte a ti mismo significa depender menos de la validación externa y más de la interna, lo que te ayuda a desarrollar una mayor independencia emocional y a vivir una vida más plena.

Aumenta la autoconfianza: Al amarte a ti mismo, tienes una mayor autoconfianza, lo que te permite tomar riesgos y alcanzar tus metas sin temor al fracaso.

Te permite perdonarte a ti mismo: Cuando te amas a ti mismo, eres capaz de perdonarte a ti mismo por tus errores y tus fallas, lo que te permite avanzar y seguir adelante con mayor facilidad.

Te ayuda a encontrar tu propósito: Amar a ti mismo te ayuda a conectarte con tu verdadero ser y a descubrir tu propósito en la vida.

Capítulo 43: Amate a ti mismo.

En este capítulo exploraremos algunas de las señales que indican que una persona se ama a sí misma. Si bien es cierto que cada persona es única y experimentará el amor propio de manera diferente, hay algunas señales que pueden indicar que estás en el camino correcto:

Te sientes cómodo y seguro en tu propia piel, sin importar las opiniones de los demás.

No te comparas con los demás, sino que te enfocas en tus propias metas y logros.

Te aceptas tal y como eres, sin tratar de ser alguien que no eres.

Aprendes de tus errores y no te juzgas duramente por ellos.

Te das el tiempo y el espacio para hacer lo que te hace feliz.

No te culpas por las cosas que están fuera de tu control.

Te rodeas de personas que te apoyan y te hacen sentir bien contigo mismo.

Sabes cuándo es importante decir "no" para proteger tu propio bienestar.

No necesitas la validación de los demás para sentirte bien contigo mismo.

Reconoces y celebras tus logros y éxitos, grandes o pequeños.

Aceptas tus emociones, tanto las positivas como las negativas, sin juzgarte por ellas.

Te cuidas física, emocional y mentalmente.

Sabes que eres merecedor de amor y respeto.

No te comparas con una versión idealizada de ti mismo, sino que te aceptas tal y como eres en el momento presente.

Eres capaz de perdonarte a ti mismo y a los demás por los errores del pasado.

No te apegas a las cosas que ya no te sirven o te hacen daño.

No permites que los demás te traten mal o te falten al respeto.

No buscas la aprobación de los demás para tomar decisiones importantes.

Sabes que el amor propio es un proceso constante de crecimiento y desarrollo personal.

Te das cuenta de que el amor propio es un acto de cuidado y respeto hacia ti mismo, y no es egoísta o arrogante.

Si reconoces algunas o todas estas señales en tu vida, es probable que hayas logrado un nivel de amor propio saludable y satisfactorio. Pero si sientes que todavía hay trabajo por hacer, no te desanimes. El amor propio es un proceso que requiere tiempo, paciencia y esfuerzo, pero los beneficios que aporta a nuestra vida son invaluables.

Capítulo 44: Fe en Dios.

Para muchas personas, la fe en Dios es una fuente importante de amor y apoyo. Al creer en un ser divino que nos ama incondicionalmente, podemos encontrar consuelo en momentos de dificultad y sentirnos más seguros en nuestro camino de vida.

Creer que Dios nos ama con seguridad se trata de una poderosa herramienta para aprender a amarnos a nosotros mismos. Si Dios nos ama incondicionalmente, ¿por qué no deberíamos amarnos a nosotros mismos de la misma manera? Al amarnos a nosotros mismos, estamos honrando el amor que Dios nos ha dado y aceptando que somos valiosos y dignos de amor.

Además, creer en el amor divino puede ayudarnos a superar sentimientos de soledad y desconexión. Saber que hay un ser divino que nos ama puede hacernos sentir menos solos y más conectados a algo más grande que nosotros mismos.

En última instancia, creer en el amor divino con seguridad se trata de una forma de encontrar un sentido de propósito y significado en la vida. Si creemos que Dios nos ha puesto en este mundo por una razón, entonces podemos sentirnos más motivados para encontrar nuestro propósito y vivir nuestras vidas al máximo.

Es importante recordar que la creencia en Dios es personal y con seguridad se trata de diferente para cada persona. Si bien creer en el amor divino es una fuente de amor y apoyo, también es importante respetar las creencias de los demás y encontrar nuestra propia forma de amarnos a nosotros mismos.

Capítulo 45: Vivir plenamente.

¿Qué significa vivir plenamente? Para muchas personas, puede parecer una pregunta difícil de responder. ¿Es tener éxito en el trabajo? ¿Es tener una vida social activa? ¿Es tener una familia feliz? En realidad, vivir plenamente es algo diferente para cada persona. Sin embargo, hay algunas cosas que todas las personas pueden hacer para vivir una vida más plena y satisfactoria. En este capítulo, exploraremos algunas de estas cosas.

Conéctate con tus valores: Identifica qué es lo más importante para ti en la vida. ¿Es la familia, la amistad, la creatividad, el servicio a los demás? Cuando te conectas con tus valores, te da una guía clara para tomar decisiones y vivir tu vida.

Aprende algo nuevo: El aprendizaje constante es una de las mejores maneras de mantenerte mentalmente fresco y activo. No tienes que inscribirte en un curso formal, simplemente busca algo que te interese y comienza a investigar.

Haz ejercicio: El ejercicio regular no solo es bueno para tu salud física, sino que también es excelente para tu salud mental. Te ayuda a reducir el estrés y la ansiedad, y aumenta los niveles de energía y autoestima.

Ríe: La risa es la mejor medicina. Haz tiempo para disfrutar de la comedia, ya sea a través de películas, programas de televisión, o yendo a un espectáculo en vivo. También puedes rodearte de personas que te hagan reír.

Rodéate de personas positivas: Las personas que te rodean pueden influir en cómo te sientes acerca de ti mismo y de la vida en general. Busca personas positivas que te apoyen y te animen.

Vive en el momento presente: El pasado ya pasó y el futuro aún no ha llegado, así que no te preocupes demasiado por ellos. Concéntrate en el presente y haz lo mejor que puedas.

Sé agradecido: Toma el tiempo para apreciar las cosas buenas en tu vida. Puedes comenzar con pequeñas cosas, como la comida que tienes en la mesa, la casa en la que vives, o el hecho de tener una cama cómoda.

Haz algo que te asuste: A veces, la vida es un poco aburrida. Si te sientes estancado o aburrido, prueba algo nuevo que te asuste un poco. puede llegar a ser tan simple como hablar con un extraño en un evento social, o tomar una clase de arte que nunca has intentado antes.

Practica la meditación: La meditación es una excelente manera de reducir el estrés y la ansiedad, y de aumentar la claridad mental. No tienes que hacer sesiones largas o complicadas, simplemente comienza con unos pocos minutos al día.

Haz algo por los demás: Hacer algo por los demás es una de las maneras más gratificantes de vivir. Ya sea hacer trabajo voluntario, ayudar a un amigo o simplemente sonreír a alguien que parece estar pasando por un mal momento, las pequeñas acciones pueden tener un gran impacto en los demás.

Estas son sólo algunas de las muchas maneras de vivir plenamente. La clave es encontrar lo que funciona para ti y hacerlo parte de tu vida diaria.

Capítulo 46: Vivir plenamente.

La alegría y la felicidad son emociones poderosas que pueden tener un impacto significativo en nuestras vidas. Sin embargo, a menudo pensamos que necesitamos algo específico para ser felices: un trabajo mejor, una relación amorosa o una casa más grande. Pero en realidad, la felicidad y la alegría pueden surgir de simplemente vivir y disfrutar el momento presente.

La vida está llena de oportunidades para experimentar la alegría y la felicidad, incluso en los momentos más simples. ¿Has notado la belleza de un amanecer o un atardecer recientemente? ¿O la sensación cálida del sol en tu piel en un día hermoso? ¿Has sonreído al escuchar una canción que te gusta o al pasar tiempo con amigos y familiares?

La felicidad y la alegría no dependen de nada que te suceda, sino de cómo decides percibir el mundo a tu alrededor. Cuando te concentras en las cosas que te hacen feliz, en lugar de preocuparte por lo que te falta, descubrirás que la vida está llena de momentos que te llenan de felicidad.

Recuerda que cada día es una oportunidad para encontrar alegría y felicidad. A veces, solo necesitas cambiar tu perspectiva y prestar atención a las cosas que te hacen feliz. La vida puede ser un camino difícil, pero si te enfocas en las cosas buenas, encontrarás la felicidad y la alegría en los lugares más inesperados.

En resumen, recuerda que la felicidad y la alegría no dependen de nada que te suceda, sino de cómo decides percibir el mundo a tu alrededor. Vive en el momento presente y enfócate en las cosas que te hacen feliz. La vida está llena de oportunidades para experimentar la alegría y la felicidad, ¡así que disfruta cada momento!

ESPERO QUE TODOS ESTOS consejos te hayan ayudado a hacerte mejor, amarte a ti mismo y a los demás.

Te deseo una feliz vida.

Don't miss out!

Visit the website below and you can sign up to receive emails whenever Samuel Blanco publishes a new book. There's no charge and no obligation.

https://books2read.com/r/B-A-DQSP-OSVHC

BOOKS 2 READ

Connecting independent readers to independent writers.

Did you love *Amarte a ti mismo*? Then you should read *Alcanzar la iluminación*[1] by Samuel Blanco!

[2]

Trascender los limites del yo y fundirse con el universo es la meta espiritual de cada buscador de si mismo. Aquí se narran varias vías para lograrlo, así como experiencias de índole místico y otros temas enigmáticos y paranormales.Es un libro de iluminación hecho por un hombre que ha vivido por y para el disfrute y el sexo y que en revelaciones ha tenido consciencia de la necesidad de amar al prójimo y ser humilde y bueno. Por ello es una visión peculiar y diferente de lo que estas acostumbrado. Hasta los más apegados a lo material pueden encontrar el camino espiritual.

---

1. https://books2read.com/u/bQROLe

2. https://books2read.com/u/bQROLe

Also by Samuel Blanco

Alcanzar la iluminación
El libro naranja
Erlangung der Erleuchtung.
Alcançando o Esclarecimento.
Raggiungere l'illuminazione.
Achieving Enlightenment.
Atteindre l'illumination
Amarte a ti mismo

About the Author

Soy un apasionado de la meditación, me encanta perderme por bosques y estar en contacto con la naturaleza. A través de la introspección y la meditación creo que consigo una paz de espíritu que me hace sentir de maravilla. En los libros y audiolibros he usado toda la tecnología disponible para trasmitir al lector u oyente estas sensaciones que siento. Para ello uso los mensajes subliminales, efectos especiales, música y sonidos de la naturaleza. Quiero trasmitir paz.